동천이 살아야
부산이 산다.

숨쉬는
동천

차례

차례

숨쉬는 동천

물이 맑아야 마음도 맑아진다.

부산 남구와 동천

– 숨쉬는 동천 대표 이용희

부산 남구는 삼포지향三抱之鄕에 맞게 황령산, 오륙도 바다, 그리고 동천에 둘러싸여 있다. 대부분의 유명한 도시들은 풍부한 물이 있는 하천을 따라서 이루고 있다. 동천의 물길은 부산의 최중심 도심인 서면을 지나서 문현동의 문현금융단지에 이르게 된다. 부산 남구 문현금융단지에는 부산이 금융중심지로 지정되면서 만들어진 혁신도시이다. 대표적인 부산국제금융센터(BIFC)에는 한국거래소, 한국자산관리공사, 한국주택금융공사, 한국남부발전, 한국예탁결제원, 주택도시보증공사, 한국수출입은행, 신용보증기금 등의 회사들이 입주하고 있으며 한국은행 부산본부와 부산은행 본점도 동천 옆의 문현동에 있다. 동천은 백양산 선암사 뒤 동천발원지 표지석이 있는 곳에서 시작하여 부산진구와 동구, 그리고 남구를 스치고 지나가면서 북항 바다로 빠져나오는 지방하천이다. 그러면서 도심의 홍수예방을 위한 통수단면通水斷面 확보에도 중요한 역할을 하고 있는 하천이다. 숨쉬는 동천이 추정하는 동천의 총길이는 약 10km로 그중에 약 2.7km만이 개복開腹 구간으로 시민들이 물 흐르는 것을 볼 수가 있으며 보행 데크가 잘 만들어져 있어서 요즈음은 산책하는 사람들이 여가를 즐기고 있다. 나머지 6~7km 구간들은 대부분이 복개覆蓋가 되어져 있어서 매년 수많은 사업예산으로 수질개선과 복원사업들이 진행되었고 악취제거, 탁도개선, 심미적 불쾌감 해소 등에 심혈을 기울였고 지금도 진행중에 있다. 동천을 내려다보고 있는 황령산은 옛날에 거칠산국의 경계였으며 임진왜란 시에는 이순신 장군의 부산포 대첩으로 인해 왜군들이 부리나케 피난했던 곳이기도 하다. 옛날의 동천 하구는 넓고 수량이 엄청 풍부했었던지 동천을 보만강寶滿江 또는 풍만강楓滿江이라고도 불렀다는 이야기가 있다. 동천에 합류하는 4개의 지천支川들이 있는데 호계천, 전포천, 부전천, 가야천으로 이들은 동천과 같이 지방자치단체가 돌보는 지방하천들이다. 그리고 작은 하천들로 복개되어 있다 보니 시민들이 알지를 못하고 있는 문현천, 견우천, 당감천 등도 동천에 이어지는 것으로 기초지방자치단체들이 돌보고 있는 소하천 또는 구거들이 있다. 동천에는 11개의 교량이 있는데 남구와 이어진 것은 철교인 동천교를 비롯해서 차량과 함께 건너는 부두교, 범일교, 범5호교, 무지개다리(범2호교=썩은다리), 성서교(범3호교), 범4호교들이 있고 골든브리지, 오작교, 하구교들은 보행만 가능한 인도교이다. 특히 동천 최하류에 있는 동천교의 철로는 각종 군수화물을 취급하기 위해 만들어졌넌 우암역과 이어져 있었고 시금은 부산항의 북항재개발에 있어서 연결고리이다. 동천 옆의 남구 문현동에 문현금융단지가 만들어져 부산국제금융센터가 세워지고 부산은행 본점이 터를 잡게 된 것은 우연이 아니다. 필연인 이유는 동천이 수출과 창업지역의 태동지이면서 우리나라 근대산업경제의 발원지이기 때문이다. 동천유역을 중심으로 해서 금융산업 환경조성, 도시재생 활력재생, 그리고 그린환경 인프라 조성을 하면 가치를 충분히 발휘할 수 있다는 강점으로 이루어졌기 때문이다. 부산의 최중심지인 도심 속에서 인공수로 같은 운하의 특성을 잘 갖추고 있는 동천을 잘 활용해야 한다. 부산 남구 지역민들이 동천에 관심과 애증을 갖고 어느 한 쪽만이 공유하는 공간이 아니라 모든 현재와 미래의 세대가 함께 공유할 명품 여가의 공간임을 알고 잘 관리해 나갔으면 좋겠다.

타락한 그 이름, 다시 빛나는 날을 기다리며

– 숨쉬는 동천 자문위원 정도건 (경남공업고등학교 교장)

어느덧 어머니의 첫 기일이 돌아왔다. 살아계실 때에는 그렇게 깔끔하게 집을 정리하고 아침저녁으로 꼭 온천천에 나가서 운동을 하고 만보기를 가지고 다니며 걷기도 하셨는데 넘어져서 고관절을 다치신 이후 걷지를 못하게 되자 아무것도 어머니 마음대로 되는 게 없었다. 고관절을 다친 지 1년 반을 넘기지 못하고 어머니는 이 세상을 떠나게 되었다. 돌아가시고 나니 이런저런 아쉬움이 밀려와 아직도 어머니가 사시던 동네를 지나가면 가슴이 먹먹해진다. 그런 어머니의 첫 기일을 맞이하여 우리 가족은 모두 성당으로 가서 어머니를 위한 미사를 드렸다.

비록 고관절을 다쳐서 병원에 계시다가 돌아가시기는 했지만 사시는 동안은 참으로 건강하게 지내셨다.

그것은 온천천의 힘이라고 생각한다. 어머니가 사시던 아파트는 온천천 바로 옆에 있었고 어머니는 볕이 좋은 날은 온천천에서 친구분들과 함께 일광욕도 하시며 노년을 누리셨다. 그런 어머니를 보며 우리 형제들은 모두 어머니가 백수는 거뜬히 누리리라고 생각했다. 맑은 물이 흐르고 깨끗한 강변에 넉넉히 놓여진 운동기구들은 온천천 주변의 아파트 가격에까지 영향을 미쳤다. 그러한 환경을 바라보며 우리 부부도 어머니가 살고 있는 곳으로 이사를 갈까 하고 집을 알아보기도 했다. 하지만 어머니가 온천천 근처에서 산 세월만큼 우리도 문현동에서 그만큼 살았기에 쉽게 이사를 하지는 못하고 어머니 집으로 가기에 더 교통이 편리한 곳, 지하철이 더 가까운 곳, 그리고 동천이 가까운 곳으로 이사를 하게 되었다. 우리는 어머니 집에 더 자주 갈 수 있는 준비를 다 해놨는데 그 환경을 많이 누리지 못하고 어머니는 가시고 말았다.

그런 어머니의 기일을 맞이하여 온천천을 떠올리며 우리 동네의 동천을 바라보게 된다. 우리 아들들은 모두 동천 옆에 있는 성동중학교를 다녔다. 중학교를 다니던 우리 아이들은 동천을 똥천이라고 불렀다. 그리고 똥천에서는 똥냄새가 난다고 했다. 흐린 날은 학교

운동장에서도 똥냄새가 난다고 했다.

그런 동천이 어느 날부터는 대대적인 공사를 하고 잠시 맑은 물이 흘렀다. 그런데 얼마 지나지 않아서 바로 다시금 물이 탁해지고 냄새가 나기 시작했다. 우리 부부는 동천 옆을 지나갈 때마다 동천에 대해 안타까운 대화들을 하곤 한다. 동천 살리기가 왜 안 될까? 왜 살릴 수 없을까? 과학과 기술이 얼마나 발달되어 있는데 이 냄새 하나 못 잡는다는 말인가! 라는 대화들을 반복해서 한다. 그러던 어느 날, 내가 근무를 하고 있는 직장에 동천살리기 운동단체(숨쉬는 동천)의 이용희 회장님께서 찾아오셨다. 나는 너무나 반가웠다. 앞으로 동천을 살리기 위한 활동들을 듣게 되었고 나도 동천살리기 운동의 일원이 되기로 마음먹었다. 내가 힘을 보태서 동천을 살릴 수만 있다면 어떤 일이라도 돕겠다고 했다. 동천을 끼고 있는 남구에 사는 모든 구민들의 마음이 나와 같을 것이라 생각한다.

우리도 어머니가 사시던 그 나이대로 접어들 날이 멀지가 않았다. 우리 동네에도 온천천 같은 동천이 만들어진다면, 물고기가 뛰어노는 동천이 만들어진다면 이곳에서 노년을 보내기에 부족함이 없을 것이다. 볕이 좋은 날은 동천을 바라보며 일광욕을 하고 맑게

경남공업고등학교 학생들의
동천 정화활동(1960년대)

• 현 동천사무소에서 CGV 쪽으로 촬영
• 현재의 범1호교 부근으로 서면 CGV 등이 들어서 있음
(경남공업고등학교 홈페이지 발췌)

흐르는 물길따라 걷기도 하고, 비가 오는 날은 큰 우산을 받쳐 들고 천천히 동천가를 거닐며 낭만을 즐길 수 있는 그런 날이 오기를, 똥천이란 이름은 역사 속에

묻히고 밝고 빛나는 동천이라는 이름만이 사람들의
입에 회자되는 그런 날을 두 손 모아 기다려본다.

동천 러브레터

– 숨쉬는 동천 동천학교장 이서은

　'구름에 달빛 가린 캄캄한 밤에 나 홀로 잠 못 들어요. 당신 앞에 자신이 없어 몰래 편지를 써요. 사랑에 까막눈인데 내가 왜 이럴까 몰라요. 나도 몰라요. 울고만 싶어 아무리 써봐도 자꾸만 보아도 뭔가 빠졌어. 사랑해요. I LOVE YOU. 그 한마디가 아~ 얄미운 사람' 유명 가수의 이 노래를 들으면 나는 마음이 설레고 두근거린다. 나도 누군가와 사랑을 하고 있는 것이다. 나의 애틋한 사랑의 대상은 바로 바로 동천이다. 동천은 내게 사랑을 허락하지 않았지만 나는 동천을 무척이나 사랑한다. 나는 환경전문가도 아니요, 나랏일을 하는 사람도 아니다. 그저 부산에서 태어나고 자란 사람이고, 내 고향의 역사를 바로 알고 싶은 사람이며, 무엇이 바른지를 생각하는 시민일 뿐이다. 그렇지만 나는 혹독하게 아픔을 겪고 있는 동천, 그렇지만 그 누구도 원망하지 않고 늘 그 자리에서 홀로 아픔을 견뎌내고 있는 동천이 너무 좋다. 너무 좋아서 살리고 싶고 아끼고 싶고 오래오래 곁에 두고 싶고, 우리의 후손 그 후손의 후손들은 평안한 마음으로 동천을 바라보고 찾아오는 곳으로 만들고 싶은 욕심쟁이랄까? 그런데 지금 동천은 너무 아프다 그것도 많이… 많은 이들이 동천을 살리려는 여러 처방들을 들고 찾아왔지만 동천은 여전히 아프다. 과거에도 아팠고 현재에도 아프고 여전히 아프다. 계속 아프다. 왜 그럴까? 나는 동천에 러브레터를 쓰면서 "왜 그럴까?" 하는 의문에 스스로 답하고 싶다. 명의를 만나지 못해서? 병세가 깊어 치료가 불가능해서? 나는 환경 전문가가 아니라서 이 질문에는 답을 구할 수 없지만 내 나름대로의 생각 주머니에서는 이런 결론에 도달한다. 어떤 몹시 아픈 이가 있는데 그 아픈 이가 아파서 건강해지고 싶어 한다. 그때 우리는 "왜 아파?" 이렇게 묻기만 한다. 그저 단지 묻기만 할 뿐이다. 그리고는 대충 내 방식대로 병원에 가라, 약 사 먹어라, 이래라저래라 훈수를 두면서 그 훈수

에 각자의 이익까지 더하기만 한 임시방편의 누더
기 처방으로 생색내기만을 하며, '난 할 일을 다 했
어.'라며 자랑의 편지들을 쓰고 있다는 결론을 내려
본다. 동천은 또 상처를 받았는데… 우리는 왜 공감
이 먼저이지 않고 이익과 생색내기가 먼저인 세상
을 만들고 있는 것일까? 방법의 문제이다. 이제 나
는 다른 방법을 제시하고 싶다. 아프다고 하면 '어
디가 아파?'라고 공감하고 같이 노력하고 힘 써보
자, 라고 하며 각자의 이익의 계산서를 내려놓고 진
심으로 각자가 동천이 되어 고민해 보기를 간청드
린다. 먼저 동천의 역사를 바로 알아주고 그 역사의

과정에서 어떻게 파괴되었고 왜 우리 곁으로 돌아오지 못하고 있는지 가슴 깊이 반성하고 공감하고 다독여 주고 어떻게 하면 나아질 수 있는지 필요 분야의 전문가들을 모으고, 그 전문가들은 욕심의 계산서를 버리고 철저히 동천이 되어 건강한 동천이 될 수 있는 처방을 내려주면 어린아이부터 어른까지 모든 시민이 한마음 한뜻으로 너 나 할 것 없이 동천이 건강해지도록 사랑의 러브레터를 가슴에 간직하여 동참하고 행정기관은 적극 행정으로 이를 뒷받침해주면 어떨까? 생각해 본다. 현재를 살고 있는 우리들이 유명 맛집, 유명장소의 멋진 모

습들을 SNS에서 공유를 통해 공감대를 만들고 있는 것처럼 동천이 아픈 모습들을, 동천을 살려야 하는 이유를, 동천이 건강해지는 모습들을 SNS에서 자랑하고 함께 고민하고 함께 공감해 주기를 간곡히 처방해 본다.

나는 끊임없이 다양한 방법으로 동천에게 러브레터를 보낼 것이다. 동천의 아픔이 건강으로 승화될 때까지 그래서 나는 동천 러브레터를 멈출 수가 없다. 내가 활동하고 있는 '숨쉬는 동천'에서 소망하는 '숨쉬는 동천'이 될 때까지 한 사람 두 사람세 사람… 백 사람 천 사람 부산시민 모두 대한민국 국민 모두 세계가 모두 동천을 사랑하는 러브레터를 보낼 때까지 끊임없이 하고자 한다. 우리 부산의 대표 수산시장인 자갈치 시장의 '오이소, 보이소, 사이소'를 능가하는 역사와 전통이 멋으로 승화된 동천에서 함께 우리 휴대폰 카메라 렌즈가 쉴 틈없이 동천 소식을 퍼 나르는 명소가 되기를 두 손모아 기원해 본다.

우리 함께해요,
동천살리기.

부산 동천의 이미지 제고 전략, 생태스토리텔링이 희망이다
- 동천의 '생태르네상스'를 위하여

– 숨쉬는 동천 자문위원 안장혁 (동의대 교수)

　현대사회는 한 도시가 갖는 이미지가 그 도시의 경쟁력을 말해 주는 이른바 '소프트파워'의 시대라 일컬어진다. 오늘날 이러한 소프트파워를 구성하는 핵심 요소는 단연 생태자산이다. 생태자산은 한 지역 구성원의 정신적·역사적 삶의 정서와 체취가 오롯이 배어있는 집단기억의 DNA 같은 역할을 한다. 그런 시각에서 볼 때 동천은 부산의 도시 이미지를 강화시키고, 인지도를 높이는 데 무엇보다 중요한 생태공간이자 생태원형이라 할 수 있다. 동천은 한때 지역민들에게 정서적 쾌적함과 생명의 활력을 공급해 주었던 부산의 대표적 도심하천이었지만 산업화 과정에서 존재감을 박탈당한 질곡의 세월을 품고 있다. 인간의 물질적 풍요와 편의성을 극대화하기 위한 개발 논리에 밀려 동천은 아름다웠던 '옛이야기'를 잃고 말았다.

동천의 원초적 생동감을 회복시켜 부산의 대표적인 생태 브랜드로 거듭나게 하기 위해서는 동천의 대표성과 상징성을 부각시킬 수 있는 방식으로 이야기를 재창출하는 작업이 필요하다. 이른바 동천의 '스토리텔링 프로젝트'이다. 스토리텔링은 세상에 존재하는 대상들에 '이야기'라는 옷을 입혀 듣는 사람으로 하여금 매력과 감동을 느낄 수 있도록 효과적으로 메시지를 전달하는 것이 관건이다. 아름다운 노랫말로 유명한 독일의 로렐라이 언덕은 실제로 가보면 평범한 바위 하나와 으스스한 처녀상만 덩그러니 놓여있을 뿐이다. 그럼에도 매년 몇 백 만의 관광객들이 찾는 세계적인 명소가 될 수 있었던 것은 매력적이고 흡인력 있는 스토리가 있었기에 가능한 일이었다.

그렇다면 동천엔 어떤 스토리텔링 전략이 필요할까? 가장 시급한 일은 지속가능한 동천의 메인 이미지(대표 이미지)를 구축하는 일이다. 메인 이미지는 평가 주체(방문객)들이 여러 가지 다양한 정보나 단서에 근거해 암묵적으로 합의한 '총체적 연상'이라 할 수 있는데, 이러한 연상들이 호의적이고 긍정적일수록 한 지역의 이미지 가치는 높아진다.

동천의 메인 이미지를 창출하기 위한 방안으로 다음과 같은 절차를 제안한다. 먼저 현재 동천의 지역 이미지에 대한 입체적인 검토 및 성찰 작업이 선행되어야 한다. 이는 방문객(내국인, 외국인)은 물론 지역거주민의 동천에 대한 부정적인 인식과 긍정적인 인식을 포괄적으로 파악하는 단계라 할 수 있다. 그런 다음 동천의 자산 가치를 유형화해서 그에 맞는 범주별 스토리텔링 전략을 모색해야 한다. 이를테면 생태자산, 기억 자산, 역사 자산, 문화 자산, 자연 및 공간 자산, 인물 자산 등 동천을 상징하는 원형자산들을 재조명함으로써 동천만의 차별화된 브랜드 가치를 창출하는 작업이 필요하다. 최근 들어 국가 차원에서 '인문 도시' 사업을 추진하는 배경에도 지역의 원형자산 활용도를 극대화하려는 의지가 담겨 있다.

동천의 시공간적 정체성을 스토리텔링 하기 위한 전략으로 필자가 제안하는 슬로건은 '생태사공四共

의 물길을 열자.'이다. 여기서의 사공四共은 세대간·계층간 '공감'의 물길, 지역민과 방문객을 위한 '공생'의 물길, 역사문화 자산의 '공유'의 물길, 인간과 자연의 '공존'의 물길을 의미한다. 공감·공생·공유·공존의 서사를 지속가능한 시대적 가치로 재코드화(recodification)할 때 비로소 동천의 '스토리'는 부산의 대표적 '히스토리'로 거듭날 수 있게 될 것이다.

동천과 금융

– 숨쉬는 동천 회원 이미영

　지난 3월 중순에 우리나라를 대표하는 금융계의 인물들이 모여 부산금융중심지 지정 15주년을 기념하는 심포지엄이 있었다. 동천 옆에는 문현금융단지가 있으며 글로벌 금융허브 부산을 만들 곳인 금융센터 일대에는 부산국제금융센터(BIFC)가 들어서 있다. 부산항이 있는 부산은 예로부터 우리나라 무역의 전진 기지였다. 따라서 우리나라 근대 금융이 부산에서부터 시작되었다 해도 과언이 아니다.

　1878년 (일본)제일은행이 우리나라 최초의 은행지점인 제일은행 부산지점을 개설하면서 근대적 은행제도가 도입되었다. 그리고 1897년 우리나라 최초의 근대식 상업은행인 한성은행이 국내 민간 자본으로 설립되고 나서 1918년에는 한성은행 부산

지점이 개설되었다. 1913년에는 부산지역에서 은행 금융업 사업을 확대코자 부산상업은행이 설립되었다. 그리고 1989년 5월에는 우리나라 최초로 전국은행 중에 서울이 아니고 지역인 부산에 본점을 둔 9번째 시중은행이자 금융기관인 동남은행이 동천 옆에서 설립되었다. 그러나 아쉽게도 IMF 금융권 구조조정으로 향토 금융기업인 동남은행은 1997년 쓸쓸하게도 퇴출되었다. 그 후로 동북아 금융허브 도시 부산을 실현하기 위해 동천 바로 옆인 부산 남구 문현동 금융로 40 일대에 문현금융단지를 조성하여 63층 높이의 BIFC를 건립했다. 현재 BIFC 내에는 한국거래소, 한국자산관리공사, 한국예탁결제원, 한국주택금융공사, 한국수출입은행, 부산국제금융진흥원을 비롯해 약 40여 개의 국내 굴지 공기업과 금융기관 본사들에서 약 5,000여 명의 금융인들이 근무를 하고 있다. 그리고 부산이 금융허브로서의 시너지효과를 내기 위해 산업은행 본점의 이전을 기다리면서 동천 옆에는 부지면적 약 17,550m²에 용적률 1,000%까지 본점 건물이 신축될 수 있게끔 이미 준비해 놓고 있다. 부산을 세계적인 물류, 금융, 첨단산업, 교육, 관광도시로 나아

가기 위한 부산글로벌허브도시조성 특별법도 제정되기를 함께 기다리고 있다.

특히 10년 전부터 동천 옆 문현금융단지에는 한국은행 부산본부와 부산은행 본점이 터를 잡고 있다. 한국은행 부산본부는 한국전쟁 기간에 우리 정부가 두 번에 걸쳐서 실시했던 화폐개혁을 한국은행 부산본부에서 시행했었다. 이러한 사실은 부산이 우리나라 경제와 금융의 역사에 있어서 매우 큰 중요성을 지니고 있음을 알 수 있다. 부산은행은 1967년 1월 23일에 부산지방은행 설립추진 위원회를 구성하고 3월 3일에 제 1회 발기인 총회를 개최해서 10월 10일에 창립총회를 하고 10월 16일에 ㈜부산은행 신설 인가를 받아서 10월 25일에 ㈜부산은행을 창립한다. 같은 해인 12월 22일에 부전동과 범일동 지점을 개점하게 되고 1968년 2월에는 을류 외국환 은행업무를 개시하게 된다. 그리고 마침내 2014년 11월 4일에 부산은행 본점이 동천 옆에 있는 문현동 신축 건물로 이전해 왔다. 현재 부산은행은 중앙 집중적인 금융체제와 수도권 편중의 금융 경향을 탈피하고 부산 시민의 은행으로서 지역 사회 발전을 담당하고 있는 지방은행이자 지역 대표 은행이 되었다.

　보통 물을 헤프게 쓰는 사람을 두고 '돈을 물 쓰듯 한다.'라고 말한다. 즉, '물이 돈이다.'라는 공식이 될 듯하다. 따라서 물은 소중한 자원이다. 그 소중한 자원인 물, 그 물이 있는 곳이 바로 우리나라 근대산업경제의 발원지인 동천이다. 동천은 대양의 물결과도 맞닿아 있어서 문현금융단지로 배를 타고 오고가는 많은 부산사람들이 부산 더 나아가서 우리나라의 경제발전에 크나 큰 역할을 해낼 것이다.

동천의 변화를 위한 노력

– 숨쉬는 동천 회원 고성훈 (환경수호운동연합회 회장)

　동천은 부산진구에 위치한 백양산 자락의 선암사 계곡 뒤편에서 발원하여 엄광산의 동의대학교와 가야공원 계곡에서 발원한 가야천, 성지곡수원지에서 시작한 부전천, 그리고 금용산에서 발원한 전포천, 안창마을 뒷산 계곡에서 시작한 호계천, 남구 고동골과 지게골에서 시작한 물줄기가 옛 원형을 잃어버리고 복개된 채 문현곱창거리를 통과하는 일명 문현천을 합류하여 북항 바다로 흘러 들어가는 지방하천을 말한다.

　환경수호운동연합회는 2016년 남구 문현동에 자리 잡은 부산국제금융센터 앞 자갈마당에서 '제1회 아름다운 부산, 동천사랑 걷기대회'를 개최하였다. 개최를 위한 예산을 확보하기 위해 부산국제금융센터로 본사를 옮긴 한국남부발전㈜과 함께 동천의 변화를 기대하며 2016년 제1회 아름다운 부산, 동천사랑 걷기대회가 작년으로 8회로 이어지는 대장정의 시작을 하게 된다. 4회부터는 기술보증기금도 함께 아름다운 부산, 동천사랑 걷기대회에 많은 관심을 갖고 동천 주변 환경개선으로 삶의 질이 향상되기를 기대하고 있다. 개최 당시만 해도 동천은 악취가 너무 심해 일명 '똥천'이라는 오명을 듣고 있었다. 부산의 중심지에 위치한 동천에 대한 관심이 높지 않은 상황에서 동천에 대한 관심을 높이기 위한 방안으로 '아름다운 부산, 동천사랑 걷기대회'를 기획하고 진행하게 되었다. '아름다운 부산, 동천사랑 걷기대회'에는 지방자치단체장을 비롯해 지역 국회의원, 환경단체, 하천 전문가와 함께 많은 시민들의 참여로 인해서 동천에 대한 관심이 높아졌다고 생각한다. 지속적인 이 행사를 통해 동천에 제기되었던 악취와 탁도의 개선, 불쾌감을 줄일 수 있는 하천수질개선과 하천복원사업이 좀 더 속도를 내지 않았나 싶다.

하천복원사업과 수질개선사업으로 개선된 동천을 시민들이 편안히 산책할 수 있도록 데크를 깔고 악취 저감으로 인해 더욱 많은 시민들이 하천변에서 여러 활동을 할 수 있도록 지속적인 관리가 되기를 바라며, '아름다운 부산, 동천사랑 걷기대회'는 매년 개최되어 시민과 함께 걸으며 동천의 모습을 모니터링할 수 있게 진행해 나갈 것이다.

동천 유역을 중심으로 오늘날 대기업이 된 삼성그룹과 LG그룹의 모기업이 되는 제일제당, 락희화학이 태동한 곳이며, 향토기업인 동명목재, ㈜태화, 대선주조 등의 기업들도 창업한 곳이 동천이다. 현재 문현동에는 부산국제금융센터와 부산은행 본점이 자리하고 있다. 동천이 말 그대로 한국 경제의 산실 역할을 했다는 의미이기도 하다.

열어라 동천

– 박하

백양산 두루두루 성지곡을 감돌아 양지녘 동평현 옛 터전을 적시고
엄광산 새벽이슬 실비 단비 다 모아 실팍한 줄기줄기 당감, 가야, 부전천이여
황령산 고루 적셔 밭개나루 전포로 어허 둥개 막둥이 얼싸 안는 호계천

이윽고 강이 되는 동천의 물결

횟배 앓던 아지랑이 방죽 물난리에도 신명나던 철부지 누이여
수출입국 공장마다 샘솟던 희망 새나라 융단마냥 아스팔트 깔리던 날
콘크리트 뒤주마냥 가둬버린 그 속에 숨죽여 울던 어미 같은 강이여

버들개지는 물이 올라도 마른 젖무덤 쓸어가며
조선의 일월인양 키워낸 그 에미여 누구냐, 뒤주 속에 가둔 것도 모자라
하마 신음소리 새나올세라 다시 또 가면의 꽃길을 덧씌우는가
"괜찮데이, 에미는 괜찮데이" 그래도 한사코 손사래 치는
부산의 큰어미, 동천을 아시나요?

속죄의 심정으로 외치는 주문 뭐 하노 퍼떡 열어라, 동천!

부산의 중심지인 도심에 자리 잡고 있는 동천의 특성을 잘 살려 지역민들이 즐겨 찾을 수 있는 그리고 볼거리가 있는 문화 공간으로 만들어져 부산의 관광지로 거듭나길 기대해 본다.

동천 한바퀴

– 숨쉬는 동천 생태문화관광해설사 김덕숙

　동천은 지방하천으로서 총길이가 약 10km로 부산 최고의 중심지 서면을 관통하는 도심하천으로 백양산 발원지에서 시작해 구거와 소하천인 당감천과 이어지고 지천이면서도 지방하천들인 부전천, 전포천, 가야천, 호계천이 합류되어 부산만의 북항 바다로 흘러가는 하천이다.

　조선시대에는 동천의 맑고 깨끗한 물로 인해 물고기가 뛰어놀고 아낙네들은 빨래를 하며 아이들은 멱을 감던 곳이기도 했다. 그리고 임진왜란 시에는 왜병들이 동천 옆에 있는 황령산 아래에 왜선들을 정박시키고 진을 쳤던 곳이다. 일제강점기에는 부산진매축과 더불어 동천을 운하 형식으로 정비하여 인근에 수많은 공장과 산업체들을 구축하여

300톤의 범선이 드나들었다는 곳이기도 하다.

한국전쟁 시에는 동천으로 모여든 피난민들에게 수상가옥이라는 안식처를 제공하였으며 전쟁이 끝난 후에는 동천을 중심으로 유역에는 수많은 공장과 기업들이 생겨났고 그 때문에 동천은 부산산업의 태동지이자 우리나라 근대산업경제의 발원지로 시작되었고 오늘날의 대한민국 경제와 산업 발전에 초석이 되는 데 크게 기여했다. 그러나 산업이 발달되고 인구가 급증하면서 교통마저 복잡하게 만드는 차량들의 증가로 인해 동천에 오수와 폐수들 그리고 비점오염물질들이 유입되면서 동천은 '똥천' 또는 '흑룡강'이라는 오명을 얻게 되었다. 자신을 희생시켜서 사람을 살리고 기업을 살리고 나라를 살린 그 댓가로 동천은 일부 구간들에 복개라는 멍에를 메게 하였다. 약 70%가 복개천으로 변해버린 동천은 깜깜한 지하에 갇혀 대한민국 최대의 유동 인구가 움직이고 있는 부산 최대 최고의 도심지인 서면 아래를 흐른 지도 반세기가 넘은 세월이 되었다.

복개된 동천과 지천들 그리고 그들의 유역에서는 제일제당 터, 락희화학 터, 신진자동차 터, 동명목재 터, 경남모직 터, 전차수리소 터, 스웨덴 기념비, 서면시장, 극장거리, 공구거리, 부전도서관, 전포카페거리 등을 찾아볼 수 있다. 2002년 부산 아시안게임 개최를 계기로 동천의 복원에 대한 관심이 생겨났고 그로부터 부산시와 많은 시민들, 그리고 숨쉬는 동천을 포함해서 시민단체들이 노력하여 동천의 물은 조금씩 맑아지기 시작했다. 그래서 2016년에는 많은 숭어들이 찾아오는 반가움으로 낚시대회도 개최했었고 동천재생 4.0캠페인이 2023년까지도 계속되었다.

　동천 복원의 궁극적 목적은 맑은 물이다. 지금은 사라진 동천 유역의 수많은 역사적인 콘텐츠의 발굴과 문화의 복원도 중요한 과제라 생각한다. 오늘날 중요한 화두인 자연환경과 생태문화관광의 발굴 또한 소중한 콘텐츠라고 생각한다. 동천에 물고기가 뛰어놀고 건강한 생태환경과 수많은 역사적인 발자취가 발굴되어 부산시민들의 휴식처로 국내외 관광객들에게는 명품 수변공간이자 명소로서 알려져 많은 사람이 북적이는 건강하고 활기찬 숨쉬는 동천의 모습을 기대해 본다.

동천 연대기

- 박하

밑천 다 내놓고 멱 감고
열병식 하던 미루나무 아래
통고무신으로 송사리 잡던
삶의 한복판, 감로수 같던 그 물길에
지난 백년 몰아치던 회오리

그곳은 또 다른 노다지 금광이었다
성지곡수원지(1910) 이래로
약탈 경제 조선방직(1917) 이래로
소주, 설탕, 섬유, 염색, 신발, 세제,
합판, 또 타이어 공장까지
등 떠밀며 몰려들던 시절

메마른 젖무덤을
밤낮으로 쥐어짜고 또 짰다
그 덕에 사람들은 오백 년
한 서린 보릿고개를 단숨에 넘었다
그 물길, 악취로 비명을 지르는데도
서둘러 관 뚜껑을 덮듯이
그렇게 포장도로를 깔았다
어느 때부턴가
봄이 와도 물새 한 마리도
버들가지 한 가지도 춤추지 않고
아지랑이 방죽조차 사라진 그 물길

재 뿌린 듯 희뿌연 물 위에
오종종 길 잃은 숭어새끼들
헤엄치는 것반 봐도 심봤다!
강이 다 살아난 양 아우성이라니

그 물길 아직도
콘크리트 뒤주 속에 갇혀
숨죽여 울고 있는데……

동천의 물이 맑아졌네

– 숨쉬는 동천 관광문화답사단장 배종일

요즘 동천의 물이 많이 맑아 보인다. 이른 아침 동천 따라 연결된 데크를 걸으면서 신선한 공기며 동천의 맑아진 물을 보노라면 기분이 상쾌해진다. 그러나 아직 완전한 맑음은 아니다. 주변의 건물 공사 현장에서 흘러들어오는 흙물, 쓰레기 일부 비 온 뒤 우수관을 통해서 들어오는 오염물 등이 여전히 존재한다. 하지만 요즘의 동천 수질은 눈에 띄게 좋아졌다. 바닥이 훤히 보이기까지 한다. 2차의 해수 도수 공사(2017년 6월~ 2019년 6월, 24개월), 사실 이 공사는 원래의 공기보다 1년 6개월 정도 지연되어 2021년 말에 완공되었다. 1차의 해수도수 공사는 하루 5만 톤의 해수를 분수 시스템으로 두 곳(이마트 옆, 골든브리지 쪽)과 광무교 벽천폭포에서 뿜어내었다. 그러나 이 방식은 동천의 수질개선에 전혀 도움이 되지 않았다. 왜냐하면 동천은 기수지역의 감조하천(바닷물이 대부분을 이룸)이면서 그동안 주변의 지천들(가야천, 부전천, 전포천, 호계천)로부터 흘러들어온 온갖 퇴적물이 바닥에 쌓여있는 상태였기 때문에 비중이 다른 층으로 이루고 있을 수밖에 없었던 것이다. 동천의 아래층은 탁도가 심한 오염물 등으로 비중이 높은 물로 형성되고, 그 위층은 밀물 시 바닷물이 들어와서 비교적 깨끗한 비중이 낮은 물로 채워지는 이중 분리층 구조를 갖는 특이한 형태의 하천이기 때문이다. 이런 동천 조건의 상태에서 분수 시스템으로 하루 5만 톤의 해수를 수면 위로 뿜어 본들 아래층 오염이 심한 물은 전혀 개선되지 못하는 것이다. 그러니까 밀물 때 북항의 바닷물이 광무교까지 밀려 올라왔다가 썰물 때 다시 북항 바다로 되돌아가는 물은 위층의 물만 고스란히 되돌아 가지 아래층의 비중이 높은 오염된 물은 그 상태로 그대로 머물러있는 상태인 것이다. 1차의 분수식 해수도수 설치 공사 사업은 동천의 수질개선에 전혀 도움이 되지 못했다. 1차 분수 시스템에 비해서 2차의 20만 톤 해수도수 방류 방식은 아이디어가 좋았다. 1차의 분수 시스템의 실패를 거울삼아 2차 해수도수 사업에서는 끌어들인 20만 톤 해수를 동천의 바닥에서 뿜어내는 시스템을 사용한 것이다. 세 곳(성서교 위쪽, 범4호교 아래쪽, 부산교통공사 앞쪽)의 동천 바닥 각 지점에서는 5개의 분출구가 하루 20만 톤의 북항 바닷물을 끌어와 하루 20시간(1일 만조 시 2시간씩, 합 4시간 제외) 방류하는 것이다. 2차 시스템은 동천의 바닥 아래에서 해수를 방출하기 때문에 수질개선에 많은 도움을 준다고 하겠다. 공사 기간도 길었고(3년 6개월) 예산도 많이 투입되었지만 2차의 해수도수 사업은 동천의 수질을 개선하는 데 나름 성공이라고, 숨쉬는 동천 회원들은 말하기도 한다. 그러나 동천의 수질개선이 이것으로 끝난 것은 결코 아니다. 왜냐하면 동천의 수질이 만족할 정도로 개선되어 지속적으로 유지되기 위해서는 더 많은 노력과 숙제들이 있기 때문이다. 먼저 부산시가 추진하고 있는 오수관과 우수관의 분리 사업인 분류식 하수관거 사업이 100% 진행되어야 하고, 동천 유역 서면 일대에 있는 우수관 맨홀 아래에 쌓여있는 담배꽁초, 쓰레기의 제거 및 투기 방지와 비점오염물질의 유입 문제 등 해결해야 할 점들이 산재해 있다 하겠다. 비가 내리면 우수관의 쓰레기들이 빗물을 타고 동천으로 유입되기 때문이다. 이러한 문제점 들을 한꺼번에 해결할 수는 없다. 한 가지씩 차근차 근하게 해결해 나가는 자세를 가지고 추진해야 한 다. 먼저 비 온 후 우수관을 통해 동천의 벽면 구멍 들을 통해서 직접 들어오는 쓰레기를 그물망을 설 치하여 포집하는 방법도 좋으리라고 본다. 동천 벽 면에 그런 구멍들이 많지만, 모두 그물을 설치할 필 요는 없다. 그 구멍들 중에 사전 조사를 통해서 쓰 레기가 많이 들어오는 구멍에만 그물망을 설치하 여 포집해서 쓰레기를 제거하면 될 것이다. 이미 부 산진구에서는 쓰레기 제거용 청소선을 운영하고 있으니 이를 이용하면 될 일이다. 부산에 있어 동천 은 애물단지가 아닌 미래의 큰 자산이 될 것이라는 그림이 보이기 시작한다. 일본 오사카의 도톤보리 하천은 세계적으로 유명한 관광지인데 하천의 역 사와 모양, 도시의 중심을 흐르는 위치 등이 동천과 많이 닮았다. 부산의 동천이 북항과 연계되면 북항 재개발지역, 부산국제금융센터(BIFC), 서면 도심을 연결하는 멋진 통로이자 관광자원이 될 것으로 보인다. 스페인 북부에 위치한 빌바오의 네르비온 강 역시 동천과 비슷한 환경을 갖고 있다. 도심을 흐르는 작은 강이지만 빌바오시와 시민들이 합심해서 1991년 민관협력기구 빌바오 메트로폴리 30과 1992년 비영리 공기업인 빌바오리아 2000을 설립하여 네르비온 강을 재창조하는 문화 전략을 시도해서 훌륭한 문화관광도시로 탄생시켰다. 동천의 수질이 나날이 개선되고 좋아지기를 바라면서… 오늘도 이른 아침에 동천의 데크를 따라서 산책을 했다.

동천을 복원하여 회야강처럼
생태문화관광의 명소로 만들자

– 숨쉬는 동천 생태문화관광해설사 고재임

동천은 약 10km로 해방 전까지 물고기가 뛰어놀고 아이들이 헤엄치며 물장구를 치는 청정 하천이었다. 하지만 해방을 맞이하면서 돌아온 귀환 동포들과 6·25 때의 수많은 피난민이 함께 어우러져 살기 시작한 60~90년대 산업화 과정에서 동천은 엄청난 변화와 시련들을 겪었다. 현재 광무교에서부터 백양산 발원지까지 위쪽으로는 약 80%가 복개되어 콘크리트 속에 갇혀 있으며 광무교서 아래쪽의 약 2.8km 정도만이 복개가 되지 않은 상태이다. 광무교까지만 바닷물을 끌어들여서 각종 오염물질을 희석시키려고 방류하고 있다. 부산시가 다각도로 동천 정화를 위해서 많은 예산을 투입하고 있지만 동천의 복개구간은 그대로 둔 채 임시방편처럼 하다 보니 투자한 만큼의 효과를 나타내지 못하는 듯하다.

여기서 지금 막 대변신을 시도하고 있는 곳이자 부산의 경계에 있는 양산시 웅상의 회야강을 살펴보자. 회야강은 70년대까지만 해도 식수로 바로 사용했으며 고기들이 뛰어노는 맑은 물이 흘렀었다. 그러나 부산시 오륜대 댐 상류에 있던 축산농가들이 부산의 식수원 보호로 규제가 심해지자 규제가 느슨한 양산시 웅상으로 대거 유입해 왔었다. 1986년 울산의 식수원인 회야댐이 건설되고 웅상을 관통하는 10.6km에 달하는 구간의 회야강은 축산농가 분뇨처리장이 되었다. 그리고 엄청난 폐수를 발생하는 제지공장과 독극물을 취급하는 공장들도 우후죽순처럼 건설되어 회야강은 풀 한 포기, 고기 한 마리 살 수 없는 황갈색의 강으로 변했었다. 1986년 회야댐이 건설되고 자연보호구역으로 지정되었지만 주민들에 의해 해제되었고, 축산농가들과 독극물을 사용하던 공장들은 떠났지만 친환경 공장인 소주공단이 들어왔다. 이후로 가끔씩 오폐수들이 흘러들긴 해도 먹이를 찾는 새들의 모습이

자주 목격되곤 한다. 이런 회야강이 지금 대변신을 하고 있다. 2024년 올해부터 시작해 2029년까지 완공 예정인 "회야강 르네상스" 비전 '강따라 빛라인을 연출'하면서 양산시가 약 300억 원의 예산을 투입하는 사업이 진행된다. 이 사업의 공사가 끝나면 회야강은 명실공히 웅상을 대표하는 관광지구가 될 전망이다.

동천도 회야강을 벤치마킹해서 '역사와 문화가 흐르는 공간'과 '강 따라 특색있는 산책로'로 조성하여 부산시민들이 편안하게 휴식을 취할 수 있게 만들었으면 좋겠다. 서울의 청계천처럼 맑은 물이 사시사철 흘러내려 물고기가 뛰어노는 친환경 수변공원으로 만든다면 동천은 분명히 부산을 대표하는 관광명소가 될 것이다.

회야강은 오롯이 양산시에서만 사업예산이 투입되지만, 동천 복원은 동천의 수혜를 입고 성장한 우리나라 수많은 기업들의 지원도 받을 수가 있지 않을까? 동천의 물을 공업용수로 사용하여 성장해서 세계 유수의 기업들이 되었으니 동천에 진 빚을 갚아서 보은했으면 하는 바람이다. 또한 응당 국가사업으로 지정되어야 한다. 왜냐하면 동천은 대한민국 근대산업경제화를 위한 견인차이자 활주로 역할을 했기에 수혜 받은 기업들과 함께 국가적 사업으로 이끌어가야 한다.

동천의 복원은 부산 도심의 얼굴을 바꾸어 놓으면서 부산을 대표하게 되는 도시와 어우러지는 생태문화 관광지이자 원도심의 건강한 하천으로 되는 것이다.

동천 유역에 지속가능한 삶을 위한
생태전환 및 도시농업 활성화 방안

– 숨쉬는 동천 자문위원 조보정

　최근에 이르러 기후변화로 인한 기후재난이 기록을 거듭 갱신하고 있다. 그래서 지금은 기후 위기를 인류가 21세기에 공동으로 풀어야 할 가장 중요한 과제로 보고 있으며 기후변화에 따른 대응책을 더욱더 강화해야 할 필요가 있다는 것을 의미한다. 우리나라는 이 비상시에 대비해서 아무런 식량 대책이 없는 상태이다. 1970년 이후로 우리나라 농지 면적은 60%대로 떨어졌고 식량 자급율은 20%대로 떨어졌다. 만약에 이런 상태에서 우리나라가 또다시 IMF 경제위기나 큰 전염병이 돈다면 우리는 훨씬 더 심각한 고통을 당할 수 있을 것이다. 세계 강대국들은 식량을 자급자족할 능력을 갖추고 있고 유럽의 여러 나라들은 농업이 적자 산업인데도 불구하고 식량만큼은 자급자족하고도 남도록 생산하고 있다.

우리나라는 인구가 많고 땅이 좁아서 농사를 비관적으로 생각하는 사람들이 많으나, 개선할 수 있는 여지가 많다. 농지 면적이 줄어든 것보다 식량 생산이 훨씬 많이 줄었다는 사실을 보면 농사가 제대로 지어지지 않고 있다는 것을 알 수가 있다. 지금 식량 자급률이 25% 미만이라 하지만 농촌의 소농과 도시농업 활성화로 농작물 품종을 잘 계획해서 재배하고 농사를 지을 만한 공간도 잘 찾아 활용하면 더 자급률을 올릴 수가 있다. 농촌과 도시 소비자가 서로 공동체를 형성해서 서로 도와야만 우리의 땅과 식량을 지키는 데 힘이 될 것이다. 식량 생산은 꼭 농민들만의 몫이 아니라서 도시도 할 수 있는 만큼의 역량을 발휘해야 한다. 그래서 도시농업이 활성화 되어야 한다. 도시는 도시 자체에서 가능한 한 자체적으로 필요한 식량을 생산하는 것이 옳다. 이것은 수송에너지를 줄여 기후변화에 대처하는 방법이며 신선한 식량을 공급받을 수 있는 길이다. 특히 채소는 신선해야 하기 때문에 소비자와 가까운 곳에서 생산하는 것이 좋다. 우리나라와 같이 농지가 절대적으로 모자라고 식량 자급률이 세계에서 가장 낮은 나라에서는 도시농업을 장려해야 한다. 도시에서 채소나 원예작물을 생산할 만한 곳들을 찾아보면 많다. 도시와 변두리 지역은 놀고 있는 땅이 많이 있고, 도시의 중심지에서도 곳곳에 찾아볼 수 있는 공공용지의 나대지나 건물 옥상에서 얼마든지 농작물 재배가 가능하다. 도시의 나대지들은 그냥 두면 종종 쓰레기 투기장이 되거나 우범지로 전락하기도 하는데, 텃밭으로 꾸미면 이를 막을 수가 있다.

동천과 지천(부전천, 전포천, 가야천, 호계천), 소하천(당감천, 견우천, 문현천) 및 구거들 유역의 수변과 주변 공간들에서 개발 예정지, 공공 공지, 부산국제금융센터(BIFC) 광장 일부, 미55보급창 주변의 공간, 부산시민공원 내 부전천과 전포천 주변 등이 지역주민과 소통을 위한 주민 참여 맞춤형 커뮤니티 가든 이라든지 도시농업공원 조성도 좋다. 이들 부지의 일정 부분을 커뮤니티 가든이나 도시농업공원으로 우선 시범해 보는 공간조성을 민·관의 협력으로 선행할 필요가 있다. 동천 유역을 도시농업 경작뿐만 아니라 생태전환 체험환경교육, 생태체험관광, 프리마켓전시 등의 서비스와 견학 코스로도 생각할 필요가 있다. 더 나아가서는 산업화로 이어지도록 체계적이고 지속적인 추진 주체와 운영체계 구축도 필요하다. 친환경 생태 텃밭은 음식물쓰레기를 퇴비로 만들어 쓸 수 있어 쓰레기도 줄일 수가 있다.

현재 동천과 지천들 유역의 많은 땅들은 아스팔트나 콘크리트로 덮여있어서 빗물이 땅으로 스며들지 못하게 하는 불투수층이라 동천으로 비점오염물질 유입을 발생시키고 있다. 도시 텃밭은 빗물이 땅에 잘 스며들어서 물의 순환을 돕는다. 그래서 도시의 열섬효과를 줄이는 효과가 있다. 텃밭 농사 그 자체가 자연친화적 생태전환의 상생 선순환이다. 도시농업에 있어서 텃밭 교육은 생태전환사회로 가는 필수 체험과정이다.

동천 유역을 중심으로 해서 지속가능한 삶을 위한 생물다양성 보전, 기후 조절, 대기 정화, 토양보전, 공동체문화, 정서 함양, 여가선용, 교육, 복지 등의 다원적 가치를 구현하는 녹색도시 만들기에 토대가 되고 중심이 되는 동천이 되기를 바란다.

동천 – 세계적인 도시들은 강을 잘 활용한다

– 숨쉬는 동천 자문위원 김동필 (부산대 조경학과 교수)

파리하면 세느강이고 강을 따라 에펠탑, 튀일리 정원, 루브르 박물관, 노트르담 성당, 오르세미술관, 알렉산드 3세 다리 등 관광자원들이 연결되어 있으며 고수부지는 다양한 단면과 높낮이를 통하여 시민들이 활용하고 있으며 강을 따라 길게 늘어선 플라타너스 가로수도 매우 인상적이다. 또한 하천에는 수상 관광을 위해 유람선들이 늘 이동을 하고 있고 많은 관광객들이 북적이고 있다.

파리에는 동천과 비슷한 규모의 생 마르텡(Saint Martin)이라는 인공운하가 있다. 운하를 따라 길게 보도가 연결되어 있고 그 길을 따라 오래된 가로수가 길게 심어져 있어 운하를 이용하는 사람들도 많고 그 덕분에 주변 주변의 상가들도 늘 손님들이 많다. 하천을 따라 크고 작은 규모의 공원녹지들이 좌우에 만들어져 있으며 상류에는 라빌레트라는 공원과 연결되어 있고, 하류로는 세느강과 연결되어 있다. 또한 유람선이 다니고 있고 일부 구간은 복개되어 있지만 복개구간도 물이 흐르는 모습을 볼 수 있도록 개방적인 공간을 만들어 수질을 관리하고 있을 뿐 아니라 선형녹지가 만들어져 있다. 하천으로의 접근을 위한 다양한 단면과 호안을 만들고 있으며 일부 구간에는 수질을 정화하는 수생식물이 심어져 있다.

우리가 알고 있는 세계적인 도시들은 강을 잘 활용하고 있다. 유럽의 중심을 흐르는 라인강과 다뉴브강을 비롯해서 미국 뉴욕의 허드슨강, 독일 베를린의 슈프레강, 일본 도쿄의 스미다강과 다마강이 도시의 중심부를 흐르고 있으며, 영국의 템즈강만이 오염으로 몸살을 앓고 있지만, 카누, 나룻배, 수상버스나 택시, 크루즈, 범선, 모터보트, 수륙양용차, 수륙양용기에 이르기까지 다양한 운송수단을 활용하고 있다.

하천의 기능은 이미 잘 알고 있는 사실이지만 물의 통로이면서 각종 생물들이 서식하는 장소이다. 그리고 숨죽여 지내고 있는 남아있는 소동물들의 생태 통로이며 피난처이자 보금자리이기도 하다. 그리고 이러한 치수와 이수에 더하여 도시의 미기후에 결정적인 역할을 하는 바람의 이동 통로이기도 하고 도시의 열섬현상 완화나 오염된 대기를 배출하는 환기구이며 도시에 사는 사람들에게는 녹색의 휴식 공간이 되며 피난처가 될 수 있는 장소이다. 그래서 저영향 개발低影響開發(Low-impact development, LID) 즉 강우유출 발생지에서부터 침투, 저류를 통해 도시화에 따른 수생태계의 악영향을 최소화하여 개발 이전의 상태에 최대한 가깝게 만들기 위한 토지이용계획 및 도시개발 기법은 이제 강을 중심으로 건강한 물순환체계를 구축하는 것이 핵심 목표가 되고 있다.

인류 문명이 강에서 만들어졌듯이 세계적인 도시들은 강과 함께 도시를 만들어간다는 것을 알 수 있다. 그동안 답사했던 세계적인 도시들의 하천을 통해 동천에 대한 몇 가지 제안을 한다면;

첫째, 세계적인 도시들은 하천을 도시의 중심축으로 활용하고 있으며, 인공하천이라 할지라도 복합적 활용이 가능하도록 접근성을 높이고 있다. 접근성을 높이는 것은 악취를 없애고 맑은 물을 만드는 등 수질개선을 하게 만드는 계기가 될 것이다. 둘째, 직강화된 하천을 곡선화하는 것이 필요하다. 동천은 폭우 시 범람하는 홍수라는 딜레마가 있겠지만 곡선화하면서 공간의 구조를 바꾸고 필요하다면 토지를 매입하여 녹지공간을 조성하여야 한다. 셋째, 친환경 하천 공간을 위해 다양한 단면과 호안을 조성하고 이를 통해 하천 생물들의 서식처 확보는 물론 경관을 개선해야 한다. 넷째, 하천에는 생물이 살아야 한다. 70 ~ 80년대 도시개발로 복개되었거나 건천화 등으로 수질오염이 심각한 도심 하천들이 청계천과 같이 열린 물길로 되살리고 "생태·문화·역사가 어우러진 녹색 생활공간으로 재창조"해야 한다는 목표가 필요하다. 내가 본 선진 사례를 보면 '송사리가 사는 하천복원', '장어가 사는 하천' 등 생물종의 복원을 목표로 하고 있는데 종이 복원되려면 당연히 수질의 개선은 물론 지금의 하천 단면, 호한 등 공간에 대한 개선이 필수적이기 때문이다. 그리고 이러한 목표가 도달되지 않았다면 하천은 복원되지 않은 것이라고 할 수 있으며 동천도 그 선상에 있어야 한다. 다섯째, 동천의 발원지 백양산 등 상류와 연결된 지천을 살려야 한다. 가야천, 부전천, 전포천, 견우천, 호계천, 문현천, 좌천 등 지천들과도 연결하고 복원하고 개복하여야 한다.

사실 동천 문제에 대한 해결책을 모르는 분은 없을 것이다. 문제는 실천이다. 동천 일대는 과거 붕어찜으로도 유명했다고 한다. 동천에서 잡은 붕어찜을 먹고 싶다. 믿거나 말거나?

▲ 생 마르텡 인공운하의 유람선

▲ 인근의 공원녹지

▲ 생 마르텡 인공운하의 수생식물과 가로수

보만강 아기 물고기의 춤 공연 스토리텔링

– 숨쉬는 동천 회원 정수선

어디선가 아이들의 노래가 들린다.

도랑물아 흘러 흘러 어디로 가니, 냇물이 보고 싶어 냇물로 간다.

냇물아 흘러 흘러 어디로 가니, 강물이 보고 싶어 강물로 간다.

강물아 흘러 흘러 어디로 가니, 바다가 보고 싶어 바다로 간다.

내 이름은 초롱이다. 초읍천에 사는 작은 물고기이다. 동천東川을 옛날에는 보만강寶滿江이라고도 불렀었는데 보만강의 지천들 중 하나인 부전천에는 지류인 초읍천이 있다. 나는 지금 지류 상류에서부터 바다로 먼 여행을 가는 길이다. 초읍천 옆을 노란 모자를 쓴 아이들이 노래를 부르며 가고 있다. 나는 다른 친구들에 비해서 냄새를 잘 맡는다. 아무래도 옆선에 있는 감각들이 너무 민감한 듯하다. 특정 물질이 조금이라도 물에 들어오면 몸이 힘들다. 그래서 오염물질이 없는 곳을 찾아가며 재빨리 이리저리 움직이며 여행을 하고 있다.

내일이면 나도 초읍천을 지나 부전천 하류로 가서 보만강을 지나 보다 넓은 세상으로 여행을 떠난다. 아빠와 엄마가 가는 길을 알려 줬다. 몸이 길을 알아서 안내할 것이라고 한다. 아빠 엄마의 아빠 엄마가 초읍천에 살게 된 지는 오래되지 않다고 한다. 물 맑고 바닥의 모래와 자갈이 깨끗한 초읍천을 발견하고는 눌러살게 되었다고 한다. 실제로 한 번도 경험을 못했지만 엄마의 엄마 그리고 아빠의 아빠가 전해준 몸의 기억에 따라서 친구들하고만 긴 모험의 여행을 떠나야 한다. 사실 나는 내향적이고 완벽주의 성향이라 모험심이 그렇게 많은 편은 아니지만 같은 또래들하고 떠나는 여행이라서 해방감에 흥분이 되어 살짝 잠을 설치기까지 했었다. 앞서서 행동할 수 있는 체력과 에너지가 지금은 부족하지만 함께 하는 친구들이 있어서 용기를 내어 여행을 떠날 수 있게 되었다. 누군가 주장을 펴면 '그 말이 공동체 전체를 위해서 유익한가?' 생각해 보고 그렇다면 주저함 없이 함께 행동하겠지. 함께 할 수 있는 친구가 있어서 감사하다. 잠을 설쳐서인지 조금 피곤하지만 조금씩 조금씩 변해가는 물맛과 낯선 환경에 적응하는 중이다. 그래도 쉬었다 가면 좋겠다. 잠잘 시간이 아직 멀었는데도 살짝 잠이 오고 배도 고프다.

친구들이 작은 물벌레를 잡아먹고 있을 때 나는 물가 돌 틈에 몸을 숨겼다. 강바닥의 작은 물벌레들을 잡아먹고 물가 돌 틈에서 쉬었다. 어! 어떻게 된 거지? 물에서 짠맛이 느껴지네! 밤은 또 어느새 된 걸까? 보리새우들이 돌에 붙어 자라는 조류를 열심히 먹고 있다. 그 덕에 바닥이 말끔해져 시야가 뻥 뚫린 물속 세상은 더없이 아름답다. 투명 눈꺼풀이 자연스레 내려앉았다. "우웩, 우 읍, 읍, 읍, 욱…" 이게 무슨 상황이지? 조류를 먹으며 바닥을 청소하던 예쁜 보리새우들이 하나, 둘, 모두 수심이 더 깊은 곳으로 이동하더니 다시는 돌아오지 않고 있다.

그러는 사이에 보만강 해신이 나에게 자신의 모습을 드러내었다. 뜬금없이 여기는 더 이상 '보만강'이 아니란다. 또 그 예쁘던 보리새우들이 돌아오지 못한다고 한다. 무슨 상황인지 어리둥절하다. 동천으로 불리면서부터 강물이 바다로 힘차게 흘러가지 못하고 흐르던 강물에도 많은 것들이 쏟아부어져 산소가 부족해지고 동천에서는 더 이상 깨끗하고 아름다운 생태계가 지속되지 못하고 있다고 한다. 슬프게도 습한 무덤 그 자체라고….

해신은 사람들에게 즐거운 추억을 선물하여 풍광을 즐기는 가운데 아름다운 생태계를 민들기 위한 시민들의 계속된 관심과 참여로 악취 나는 습한 무덤이 되어 순환되지 못하는 동천으로의 악화를 막아 내어 아름다운 보만강으로만 존재하게 해보자고 했다. 그러면서 나에게 멋지게 헤엄치는 능력을 주었다. 나는 여러 가지 유형의 헤엄치는 기술들을 연마했다. 물 위로 뛰어오르기도 하고 물 위에서 여러 가지 모양을 그리기도 했다. 친구들에게도 그 기술들을 알려주었다. 달의 모양과 별의 모양, 계절에 따라 다른 춤을 연출했다.

보만강에는 초롱이와 초롱이 친구들의 신기하고 아름다운 이 모습과 광경을 보기 위해서 사람들이 구경 오기 시작했고 점차 점차 알려져 이 공연을 보기 위해 국내외 많은 사람들이 찾게 되었다. 사람들은 초롱이와 그 친구들의 공연에 맞춰 보만강변에서 축제를 열었다. 그리고 이 축제는 세계에서도 희귀한 축제로 유명해 지금까지 이어져 내려오고 있다.

동천에 유람선 띄우는 날

– 숨쉬는 동천 자문위원 박하 (시인)

부산의 서면을 관통하여 흐르는 동천東川! 동천은 부산의 산업화를 넘어 한국 산업화의 일등 공신이다. 예컨대, 삼성그룹과 LG그룹의 모태이기도 하니 말이다. 달리 말하면, 동천의 젖을 먹고 산업 한국호가 무럭무럭 자랐다는 말이다. 산업 한국호의 어미! 동천은 지금 어떤가?

'동천 살리기'는 지난 20여 년 동안 부산의 화두였다. 동천 복원이 왜 시급한지, 부산 시민이라면 누구나 알고 있다. 여기에는 부산 지역 언론은 물론, '숨쉬는 동천(대표 이용희)'을 비롯한 환경운동 단체들의 꾸준한 문제 제기 덕분이다.

동천 복원을 떠올릴 때마다 떠오르는 말이 있다. "해설은 그만하면 차고 넘친다. 이제 행동에 나설 때다." 혁명가 레닌이 한 말이다. 냉정히 말해, 지난 시간은 동천 복원의 당위성을 '해설'하고 설득하는 데 투자했던 셈이다. 그러나 더 이상 지루한 해설 단계, 즉 희망 고문에 머물러서는 안 된다. 이제부터 목표를 향한 전진인 '행동'에 나설 때다.

그 목표는 동천에 '놀이 배'를 띄우는 것이다. 즉, 오사카의 도톤보리처럼 유람선을 띄우자는 것이다. 관광도시라면 으레 볼거리, 놀거리, 먹거리가 갖춰져 있어야 한다. 동천에 유람선을 띄우면 이 세 가지가 저절로 해결될 것이다. 특히 부산을 찾는 관광객이 사나흘쯤 머물지 않고, 기껏 하루 정도 머물고는 곧장 경주로 떠난다. 과연 그 이유가 무엇이겠는가? 볼거리, 먹거리는 어지간히 있지만 정작 놀거리가 없기 때문이다.

오사카 도톤보리는 벤치마킹 대상이다. 오사카 도심 운하에 유람선을 운항한다. 기껏 20분 남짓이지만 유람선을 타는 시간만큼은 휴식이자 특별한 체험이다. 만약 동천에 유람선을 띄운다면 운항 코스도 도톤보리의 그것보다 3배 이상 늘릴 수 있고, 편도와 왕복 등 훨씬 다양한 선택을 할 수 있을 것이다. 예컨대, 부산시민회관 뒤쪽 선착장에서 탑승

하여 광무교 아래까지 편도 또는 왕복이 얼마든지 가능하다. 다음으로 도톤보리의 뒷골목은 먹자골목을 방불케 할 정도로 식당들이 즐비하다. 동천 주변 역시 그 이상이다. 부산시민회관 쪽에는 지척에 조방낙지로 유명한 조방 앞, 자유시장이 있고, 광무교 쪽에도 다양한 식당가들이 운집해 있다. 또한 동천의 접근성 역시 도톤보리 이상이다. 10분 거리 이내에 지하철 1호선과 2호선 노선이 있기 때문이다.

동천에 유람선을 띄우자고 하면, 틀림없이 반대하는 이들도 있을 것이다. '공무원들은 안 될 이유를 찾는데 선수다!'라는 항간의 속설이 있지만, 그건 까마득한 옛날의 이야기다. 요즘 젊은 공무원들은 '동천에 배를 띄워야 할 100가지' 이유라도 거뜬히 찾을 것이다. 어떤 이는 동천에 유람선을 띄우면, 동천 오염이 더 심해지지 않겠는가? 우려하는 이들도 있다. 하지만 나는 유람선을 띄우면 수질은 갈수록 맑아질 수밖에 없다고 확신한다. 배터리 유람선도 이미 등장했고, 또한 동천에서 악취가 풍긴다면 누가 유람선을 타려 하겠는가? 즉 유람선 승객이 모두 동천 수질의 감시자가 되기 때문에 갈수록 맑아질 것이다.

따라서 동천에 유람선을 띄우는 게 그동안 동천에 진 빚을 갚는 일이기도 하다. 젊은이들은 대뜸 '동천에 무슨 빚?' 하고 반문할 것이다. 이쯤에서 졸시 1편을 소개한다.

···(전략)···

'알고 보마 다 동천물 덕이라요/ 오늘 우리 자식들 모도 땟거리 걱정 이자뿌고/ 엄동설한에 따시바끼 지낼 수 있는 것도/ 다 동천어미 젖줄 덕이다, 이 말이요//

눈앞에 아무 뵈는 기 없어모/ 금세 이자뿌리는 기 세상 이치,/ 하마 삼십 년쯤 지나실 끼로/ 그때, 그 지하철 공사헐 때 신작로 낸다꼬/ 그 동천 허리쫌에다 공구리 도배를 해뿌리는 바람에//

우째 알 것 능교, 요새 얼라들이/ 그 신작로 밑에 웅크린 동천어미, 까막소에 갇힌 죄수모냥/ 큰칼에다 족쇄 꺼정 차고 옴짝달싹도 몬하고/ 갇혀 있는 걸 말이요//

청계천이네 양재천이네 동네방네/ 뚜껑 여네 개천 살리네 하미 난리벅구를 쳤드랬는디/ 보고도 몬 본치, 듣고도 몬 들은 치 눈감고 귀막고 언제꺼정 그럴 거요 //

입은 삐트리지도 말이사 바로 하라꼬/ 우리 갱상도 부산문디들 치고 / 잘난 넘이나 못난 넘이나/ 동천어미 젖 안 묵고 큰 넘이 몇이나 되것능교/ 그라고 또 덕 본 넘이 오데 한둘이던교//

그 물 갖고 소주 설탕 물엿 밀가리 다 맹글고/ 그 물

갖고 치약 비누 세제 샴푸 다 맹글고/ 그 물 갖고 광목
비로도 골땡 혼방 모방하미/ 온갖 옷감 다 갖다가 색
색물감 다 디릿다 아잉교/ 타이야표 통고무신, 월남전
워커에다 베신 가죽신/ 운동화하미 그 머시냐, 나이킹
가 니복인가꺼정/ 거저 수출한다카모 오냐오냐 눈 질
끈 감아주마,/ 독약 겉은 오수폐수, 공장마다 밤마다/
비만 내리모 콸콸콸, 대체 어데다 쏟았던교//

…(중략)…

앗싸리 깨놓고 말하모, 한강 기적도/ 애당초 시작은
우리 동천어미 젖줄 덕이라요/ 그 머시냐, 동천어미 젖
묵고서/ 부산 사람들이 한데 뭉쳐 앞장섰다 아이요/
신바람으로 꽹과리 치는 상쇠모냥/ 한강 기적을 앞장
서 이끌었다 이 말이요//

인자는 더 이상 핑계 말고/ 동천어미 숨통부터 지발
확 튀아주소!

*동천어미 이바구, 박하 시집『그래도 도시예찬』, 2014

야간 유람선을 상상해 보라. 도톤보리보다 훨씬
더 다양한 야경을 즐길 수 있고, 운항 거리가 길어
도심 운하 역할도 기대할 수 있다. 다음으로 슬럼화
된 도심을 다시 되살리는 묘수로 단연 가성비 최고
라고 생각한다. 다시 말해 도쿄의 도심 재개발 프로

젝트였던 '롯본기 힐즈(2003)' 같이 천문학적 비용을 들이지 않고도 쉽게 도심 활성화를 할 수 있기 때문이다. 물론 유람선 운항을 위한 준비로서 동천의 밑바닥을 긁어내는 일, 즉 하상 준설공사만 하면 되는 것이다. 동천에 유람을 띄우면, 주변의 문화공간인 부산시민회관, 자유·평화시장, 부산국제금융센터 등에도 군불(?) 때는 효과가 금세 나타날 것이다. 긍정적인 변화가 어디 열두 가지뿐이랴. 상상만으로도 신난다.

　동천에 유람선이 뜨는 날, 그날이 언제일까? 동천 하구, 부산시민회관 뒤편에서 유람선을 타고 광무교 아래까지 왕복하는 날! 하루빨리 그날이 오기를 기대해 본다.

베를린 슈프레강·울산 태화강처럼
– 부산 동천답게

– 숨쉬는 동천 회원 박기철 (경성대 광고홍보학과 교수)

강을 맑게 할 수 있는 이들의 노력

베를린에서 가장 번화한 곳을 흐르는 슈프레강의 좁은 개천에서 사람들이 일광욕을 즐기는 것이었다. 강에 유람선이 다니는 것이야 그저 그런 줄로 알겠는데 인구 340만 명이 사는 대도시 중심 번화가를 관통하는 강에서 저렇게 유람선이 뜨며 일광욕을 즐길 수 있는 까닭은 무엇일까? 물이 맑기 때문이다. 대도시를 흐르는 강이 맑다는 것은 그만큼 **쓰레기**로 버려지는 물인 하수도 관리를 철저하게 한다는 것이다. 우리 부산의 동천 주변에서 일광욕을 즐길 수 있을까? 항구도시도 아니기에 바닷물로 강물을 희석시킬 수 없는 곳에서 어찌 저렇게 맑은 물이 흐를까? 서울 청계천은 한강의 물을 끌어들여 흐르게 하는 것인데 저 좁은 강은 그런 것도 아닐 텐데 어찌 저리 맑은 물이 흐를까? (*박기철(2016), 『아~쓰레기』에서 발췌함.)

▲ 베를린 슈프레강변에서 일광욕을 즐기는 시민들 (2015년 8월 15일)

최고의 훌륭한 업적

우리나라 최대 공업도시는 공장폐수를 버렸다. 인구 100만 이상 광역시는 생활오수를 버렸다. 버려진 물은 태화강으로 흘러 똥강이 되었다. 썩은 내가 진동해 가까이 가지 못할 강이었다. 2002년부터 대변혁의 막이 올랐다. 썩은 6급수는 맑은 1급수가 되었다. 죽음의 똥물은 생명의 젖줄이 되었다. 드디어 제2호 국가정원으로 지정되었다. **찬란한 훌**

륭한 대단한 최고의 업적이다. 기적의 업적을 이룬 분들께 경의를 드린다. 정말로 본받을 만한 사례가 아닐 수 없다. 땜빵식이나 눈 가리고 아웅식으론 실패했겠다. 성공비결은 임기응변 아니라 근본 해결이었다. (*박기철(2022), 『박기철 교수의 인문생태시』에서 발췌함.)

▲ 죽음의 강에서 생명의 강으로 바뀐 울산 태화강 (2022년 2월 22일)

인간적 방법으로 뿌려지는 바닷물

라인강의 기적과 같은 한강의 기적 이전에 동천의 기적이 있었다. 부전천, 가야천, 전포천, 호계천이 만나는 부산의 동천은 한국 제조업의 메카다. 하지만 이로 인해 동천은 똥천이 되었다. 결국 이 문제를 해결하기 위해 바닷물을 끌어들였다. 그래서 2010년부터 관을 매설하여 하루 5만 톤의 바닷물을 저렇게 분수로 뿌려댔다. 이렇게 해서 동천의 생태계를 살린다는 안내판이 자랑스럽게 붙었다. 1년이 지나 반짝 효과가 났다. 사람들은 동천이 변했다며 좋아했다. 낚시하는 사람들도 있었다. 동천 스토리텔링 사업도 진행되었다. 동천 바로 옆에 여의도 63빌딩과 층수가 똑같은 부산국제금융센터 건물도 2014년에 완공되었다. 동천도 살아날 줄 알았다. 하지만 동천은 똥천으로 되돌아갔다. 물속에 있는 **쓰레기** 오염물질을 미생물이 분해하는 데 필요한 산소의 양을 BOD(Biochemical Oxygen Demand), 즉 생물학적 산소 요구량이라 하는데 mg이나 PPM으로 나타내는 이 수치가 클수록 오염의 정도가 심하다. 수치가 커짐에 따라 1급수에서 10급수까지 나누는데 1급수는 마셔도 되는 수준이다. 5급수부터는 심하게 오염되어 물고기가 살 확률이 제로다. 6급수는 물이 몸에 닿으면 피부병을 일으킬 수준이다. 7급수부터는 똥물이다. 부산시보건환경연구원의 수질조사에 따르면 현재 동천은 2013년부터 5급수를 지나 6급수에 가깝다. 지금 이렇게 악화된 것을 해결하는 방법이 바닷물을 더 뿌려대는 것이란다. 여러 시뮬레이션 결과 그 방법이 제일 좋기에 그리하기로 한단다. 바닷물을 끌어들이는 매설관 공사비용 200억 원을 들여 현재 5만 톤에서 25만 톤으로 늘려 바닷물을 방류하기로 한단다. 땜빵질식 희석으로 동천의 수질이 잠깐 좋아진다손 치더라도 우리 생활방식이 바뀌지 않는 한 결국 다시 6급수로 돌아갈 것이다. 또한 희석되어진 오염수가 여기서 2km도 안 떨어진 북항으로 흘러갈 텐데 바다는 언제까지 인간적 해결 방법을 받아들일 수 있을까? 시간이 걸리더라도 생태적 해결 방법을 실천할 때다. (*박기철(2016), 『아~쓰레기』에서 발췌함.)

▲ 동천에 설치된 조경용 분수가 아닌 희석용 분수 (2015년 4월 3일)

주의를 받지 못하는 맑은 물의 정체

동천 주변의 길을 걷는데 물이 맑았다. 도대체 어찌 된 일인가? 나는 깜짝 놀랐다. 위에서는 저렇게 폭포처럼 맑은 물이 쏟아지고 있었다. 이때 나는 이렇게 생각했다. "바다와 가까운 동천의 저 하류 쪽은 몰라도 조금 더 상류 쪽인 이 동네만큼은 생활오수汚水에 대한 정화시설을 잘 갖추었나 보구나!" 그런데 가만히 생각해 보니 좀 수상했다. 여기부터 동천이 복개되어 **쓰레기** 물이어야 맞는데. 그래서 혹시 저 인공 폭포물이 바닷물이 아닌지 의심했다. 물맛을 보았다. 짰다. 동천을 희석하려고 바다에서 공수되어 뿌려지는 물이 있다. 나만 이렇게 몰랐던 것인 줄 알고 지나가는 사람들에게 물었다. 이게 산에서 내려오는 물인가요, 바다에서 끌어오는 물인가요? 다섯 명 모두 전자라고 했다. 어느 어르신은 아무렴 어떠냐고 내게 핀잔까지 주었다. 우리는 내 것에만 온통 주의를 집중하다 보니 바로 옆에 흐르는 동천 물이 어찌 되는지 그만 무심해지고 말았다. 백양산에서 내려와 여기를 흘렀을 맑은 계곡물이 똥물로, 또 바닷물로 변하는 것도 모른 채… (*박기철(2016), 『아~쓰레기』에서 발췌함.)

▲ 동천 복개 구간 옆에서 너무 맑아 의심스러운 인공폭포 (2015년 4월 10일)

슈프레강처럼 태화강처럼 - 동천답게

지금까지 네 편의 글은 베를린 슈프레강, 울산 태화강, 부산 동천에 관해 필자가 쓴 『아~ 쓰레기』, 『박기철 교수의 인문생태시』 책에 썼던 글들을 발췌한 것이다. 동천에 관한 글은 2015년 글이니 대략 10년 전 상황이었다. 10년 후 얼마나 달라졌는지 복개가 안 된 광무교부터 동천이 끝나는 북항 쪽까지 걸어 보았다. 2.7km 정도의 짧은 거리였다. 과거 폭포수처럼 바닷물이 마구 쏟아졌던 광무교 쪽 동천에는 민물이 쫄쫄 흐르고 있었다. 마침 바다 청소 작업이 이루어지고 있었다. 수심은 20~30cm 정도로 얕았다. 그래도 물은 맑은 편이었다. 위쪽

지역의 분리식 하수관 공사가 잘 되어서 그랬으면 좋겠다고 생각했다. 그런데 수량이 워낙 적어 바닷물이 들어오는 곳 전까지는 동천 땅바닥이 그대로 드러난 구역도 있었다. 그런데 바닷물이 자연스럽게 유입되며, 또 끌어온 바닷물을 인위적으로 방류하는 곳부터는 수량이 많았다. 부산에서 낙동강, 수영강 다음으로 큰 하천인 동천은 부산의 중심부를 흐른다. 생태 여건이 슈프레강이나 태화강과 많이 다르겠지만 부디 동천이 그 맑은 하천을 닮아 가면 좋겠다. 북항에서 끌어와 흘려보내는 바닷물보다 백양산에서 내려오는 민물이 더 많이 흐르면 좋겠다. 크루즈는 아니더라도 곤돌라라도 뜨는 날이 오면 좋겠다. 물론 그렇게 좋게 하려는 일이 결코 쉬운 일은 아니다. 복개된 구역을 걷어내는 일은 요원할 수도 있다. 그다지도 어려운 일을 쉽게 쉽게 하려면 무리를 하게 된다. 이치가 없는 무리無理다. 물 흐르듯 하는 게 순리順理다. **순리에 따라 하는 일은 무리하게 하는 일보다 어렵다.** 전반적, 복합적, 입체적, 중층적, 조감적으로 헤아려 따지고 살피며 손보고, 따라서 이어야 할 일들이 훨씬 더 많아지기 때문이다. 시간을 두더라도 장기적, 지속적, 일관적으로 하나하나 차근차근 순리에 따르다 보면 숨쉬는 동천, 진정 살아나는 날이 분명 올 것이다. 억지로 무리하여 뻘짓하며 시늉이나 내며 변죽을 울리면 아니 될 것이다.

▲ 민물이 흐르는 광무교 주변 동천과 바닷물이 흐르는 성서교 무지개다리 주변 동천 (2024년 5월 23일)

범천기지창 부지의 재개발은
동천·부전천 복원의 마지막 기회

– 숨쉬는 동천 생태수질단장 이순규

　부산시는 2023년 12월 14일에 한국철도공사, 부산진구와 '범천동 철도차량정비단 이전적지移轉跡地 개발사업 업무협약'을 체결했다고 한다. 부산진구 범천동 철도차량정비단(범천기지창) 이전적지의 면적은 24만 1,000㎡이고 이곳에 내린 빗물은 동천으로 흘러든다.

　현재의 동천은 자연하천이 아니다. 부산진성(자성대는 일제강점기에 조선총독부 고시로 지어진 이름으로서 2020년에 부산진성으로 변경됨) 서쪽으로는 범천이 동쪽으로는 풍만강楓滿江(또는 보만강)이 흐르던 것을 일제강점기에 부산진성 주변을 매축할 때 현재의 동천 위치로 물길을 합하여 하천을 조성하였다. 이때로부터 부산진성의 동쪽에 있는 하천이라는 뜻의 동천으로 불려진 것 같다.

인공하천 동천으로 흘러드는 빗물의 최대 수량(첨두 유하량)은 조성 당시에 비해 크게 증가하였다. 숲과 들판이 크게 줄어드는 대신에 대지와 포장 면적이 크게 증가하였기 때문이다. 요금에는 기후변화 영향까지 겹쳐서 순간적인 빗물의 양은 더욱 크게 증가할 것이다. 폭우에 의해 하천이 넘치면 큰 재산 피해와 인명피해가 발생한다. 국가와 지방자치단체는 하천 범람에 의한 피해를 줄이기 위해서 하천정비 기본계획을 수립해야 한다. 이 계획에서 하천 범람에 의한 피해를 줄이기 위한 계획홍수위를 설정하고 관리한다. 하천의 제방은 계획홍수위보다 어느 정도(예를 들면 1m) 높아야 한다. 하천 제방이 이 기준을 만족하지 못하면 홍수 방어벽을 설치하기도 한다.

동천변을 가보면 동천변에 벽이 설치된 구간이 있는데 그것이 홍수 방어벽이다. 홍수 방어벽은 시민들이 하천의 쾌적성을 즐기기 어렵게 하므로 바람직하지 않다. 기후변화로 계획홍수위가 높아지면 홍수 방어벽도 높아져야 하니 시민과 하천의 거리감이 더 멀어지게 될 수도 있다.

부산시는 동천과 부전천을 복원하기 위해 노력을 해왔다. 그런데 매번 큰 한계점이 있다. 그것은 이미 계획홍수위가 너무 높은 상태라는 한계이다. 동천과 부전천을 시민들이 선호하는 하천으로 복원하려면 물속에 사는 생물들과 하천변에 수변 식물도 자랄 수 있도록 해야 한다. 수생 생물과 수변 식물은 하천에서 중요하다. 이들이 없는 하천은 그냥 물만이 흐르는 수로일 뿐이라 시민들은 곧 그 하천의 이름을 망각하게 될 정도가 된다. 동천의 복원에서 수변식물의 서식이 가능하게 하려면 주변의 토지를 하천부지로 만들어야 한다. 이미 계획홍수위가 높기 때문에 현재 하천부지에 식물을 식재할 수 없기 때문이다. 수생동물 서식공간도 마찬가지이다.

부전천도 비슷한 문제가 있어서 복원이 매우 어렵다. 부산시는 그 한계를 극복하기 위해 홍수량을 통과시키는 수로와 수변식물과 수생동물이 서식가능한 하천을 분리하는 2층 하천 방식을 추진하고 있다. 이 방법도 홍수위가 높은 한계를 극복하는 것이 쉽지는 않다.

동천과 부전천의 복원을 지금보다 쉽게 하기 위해서는 계획홍수위를 낮추어야 한다. 계획홍수위는 하천의 폭을 넓히거나 홍수 저류지를 만드는 방법으로 낮출 수가 있다. 정부는 강남역과 광화문 대심도 빗물터널 사업에 각각 3,500억 원, 2,500억 원을 투입한다고 한다. 도림천 지하방수로 사업에는 3,000억 원을 투입한다고 한다. 부산에서도 수안초~수영강 합류 지점 3.5km에 폭 10m 터널을 설치해서 40만 톤의 빗물을 저류하여 온천천 범람 문제를 해결하려 한다고 한다. 이들 사업이 계획홍수위를 낮추기 위한 사업이다.

동천 유역도 범람 피해가 발생하고 있고 더욱 심화될 것이므로 계획홍수위를 낮추기 위해 대규모 터널 사업을 추진한다는 소식이 전해올 것은 시간문제다. 그런데 넓은 면적의 범천기지창 이전적지에 대한 개발사업을 추진한다고 한다. 동천과 부전천의 침수 문제의 해결과 그동안 어려웠던 하천 복원의 문제를 해결할 수 있는 절호의 기회가 생긴 것이다. 범천기지창 부지 개발을 하면서 동천과 부전천의 계획홍수위를 충분히 낮출 수 있는 저류지를 설치하면 홍수 저감용 대규모 지하터널을 설치하는 것보다 사업비가 적게 든다. 저류된 빗물은 이전적지에 들어서는 건물들에서 사용하는 냉난방에너지를 절감할 수 있는 수水에너지원으로 활용할 수 있으므로 다기능 홍수저류지로 조성할 수가 있다.

부산의 중심지인 서면을 통과하는 동천과 부전천의 복원은 부산의 이미지 향상에 큰 기여가 될 것이다. 국제적인 문현금융단지 앞에 쾌적한 수변공간이 조성된 동천이 흐르는 것과 악취가 나는 수로가 흐르는 것은 엄청나게 큰 차이가 날 뿐만 아니라 부산 시민의 자존심이 걸린 문제이기도 하다. 부산의 발전을 위해 뛰는 정치인과 공무원이 범천동 철도차량정비단 이전적지의 개발 계획에 동천과 부전천의 계획홍수위를 충분히 낮출 수 있는 대규모 다기능多技能 홍수저류지를 포함시키고 국비를 확보하기 위한 노력을 하지 않는다면 시대가 주는 절호의 큰 기회를 놓치게 되는 것이다.

동천은 지켜야 하고 또 회복시켜야 한다

– 숨쉬는 동천 자문위원 강동진 (경성대학교 도시계획학과 교수)

인류에 있어 강은 최고의 선물이다. 핵심의 기능은 온갖 것을 흘려보내는 이동이다. 이동 중 강은 자연과의 접촉을 통해 다양한 생물들이 살 수 있는 환경을 제공한다. 강이 생성시키는 다양한 동식물들은 최고의 먹거리가 되며, 모래와 자갈은 현대문명의 기반을 제공한다. 이뿐 아니다. 사람들은 강물을 모아 마실 물을 확보하고, 또 물 위나 물가에서 놀이를 즐긴다. 더군다나 깊고 넓은 강은 방어의 목적으로도 사용된다. 강의 이런 쓰임새 때문에 사람들은 강변에 살기를 좋아했다. 우리 조상들도 '계거溪居'라 하여 물가에 집을 짓고 물을 즐겼다. 그래서 물과 땅의 접촉이 쉽고, 또 생산물이 풍부한 강변 지역에는 어김없이 도시가 생겨났다.

그런데 사람들은 강을 바다보다 훨씬 다루기 쉬운 것으로 여겼고, 강과 강물이 거저 생기는 줄 알았다. 이로 인해 강은 공짜로 온갖 자원을 제공하는 생산공장으로 여기게 했고, 부산물을 버릴 수 있는 가장 손쉬운 곳으로 오인케 했다. 더군다나 하수구로 전락한 강을 덮어 또 다른 용도(도로)로 사용하는 것을 최선으로 여기기도 했다. 그래서 전국의 많은 강들이 오염과 복개의 희생양이 되었다. 사람들의 짧은 시야와 공짜 땅에 대한 욕심이 불러온 결과였다.

우리보다 사회·경제적으로 앞서간 선진 도시들도 개발 시대를 지나며 강을 매우 홀대했다. 다만 그들은 우리보다 깨달음이 빨랐다. 알려져 있는 유럽과 미주, 일본의 회복된 강의 사례들 모두에는 반드시 '특별한 사람들'이 등장한다. 이 사실은 강의 회복에는 사람의 관심과 마음, 그리고 정성이 없이는 불가능하다는 것을 반증하는 것이다. '강과 사람의 관계'가 어떤 모습으로 또 어떻게 형성되느냐에 따라 미래 도시의 생사가 결정된다는 것은 이미 실증된 사실이기에, 강의 회복을 염원하는 우리에게 있어 이 일은 의무적으로 선택해야 할 명제라 할 수 있다.

전 세계에서 회복된 모든 강들이 가지는 보편의 목표들은 다음과 같다. 피폐해진 물길의 정화와 생명체의 귀환을 추구하는 '생명 복원', 흩어진 자산들의 융합과 연계를 통한 '지역 활성', 그리고 약해지고 해체된 사람들의 관계 회복을 위한 '공동체 회복' 등이다. 지향점들은 거의 모든 사례에서 일치하고, 세부적인 노력의 내용 또한 그렇다.

강의 회복을 위해 최우선적으로 요구되는 것은 강에 연루된 사람들이 '신념과 의지를 가지는 일'이다. 그것은 '강에 대한 시민들의 정성과 사랑'이라고도 할 수 있다. 하지만 신념과 의지, 정성과 사랑을 가지는 일은 말은 쉽지만 실행은 그리 녹녹치 않다. 반드시 따라가야 하는 것이 있다. 바로 '시간과 투자'이다. 오염된 도심 강을 회복시킨 선례들을 보면 천문학적인 재원을 수십 년간 쏟아부었거나 붓고 있다. 강을 함부로 다루었던 지난 시간에 대한 반성의 표현이자 다음 세대에게는 절대 짐을 지우지 않겠다는 결단의 결과인 것이다. 당장의 표피적인 것에 관심을 둔 강의 회복은 실패할 수밖에 없다. 강을 눈앞의 강으로만 보지 않는 지혜가 우리에

겐 절실해 보인다.

강은 자연 자체이지만, 사람의 이야기와 체취가 스며있지 않다면 진짜 강이 아니다. 강의 회복은 즐거운 일이어야 한다. 강의 회복에는 숨어 있던, 또 잊고 있던 기억이 드러나고 새로운 상상력이 보태지는 사람들의 이야기가 함께해야 한다. 그래야 강 회복을 위해 내 것(시간, 돈, 열정 등)을 내어놓고 흔쾌히 따라가며, 또 누군가를 설득시킬 수 있게 되는 것이다. 강의 회복을 빠르게 끝내면 끝낼수록 효율 높은 사업으로 평가되고 이해된다면 이보다 불행한 일은 없을 것이다.

강은 거짓이 없다. 오염과 덮임을 당하며 사람들의 관심에서 멀어져 버렸던 강의 희생정신을 이제 우리가 보여주어야 한다. 이 강들에 대한 보은은 기후변화시대를 살아가는 우리가 가져야 할 최소한의 예의다. 반드시 강은 돌아온다. 회복된 강은 다시 지역과 도시를 살려 줄 것이다. 강의 회복에 대한 투자는 자속가능한 미래를 위한 가장 크고 확실한 '즐거운 저축'인 셈이다.

동천을 향한 시민적 우정과 지역연대를 희망하며

– 숨쉬는 동천 회원 최용성 (지역자치연구소 소장)

부산 최고 최대 중심을 가로지르고 있는 대표 도심하천인 동천은 수십 년째 노력하고 있지만, 정화사업의 열매를 가지기가 매우 힘든 하천이 아닌가 싶다. 동천은 대표적인 도심형 하천이고, 관처럼 포장재로 덮여 지하에 '매장된 하천'으로 복개된 중류에서부터 오염물질의 침전, 부패가 쉽기 때문이다. 또한 동천과 지천(부전천, 전포천, 가야천, 호계천)들은 주거 밀집 지역과 서면 시가지 중심부를 통과하는 도시의 도심하천이기에 부산에서도 관리하기가 가장 어려운 구조와 특성을 가진 하천인 것 같다. 이런 어려운 조건 속에서도 동천과 지천들 살리기를 지속하고 있는 동천살리기 운동 시민사회단체인 '숨쉬는 동천'의 이용희 대표와 회원님들을 볼 때면, 인내와 회복탄력성이 좋다는 생각을 많이 할 때가 있다.

2000년대 초반부터 유행처럼 번진 도시하천 복원 사업에 투입된 민관협력 조직들이 지방자치단체의 리더십이 바뀌면서 소리 소문 없이 사라지거나 유명무실해진 사례들에 비춰보면 관련 환경단체들 그리고 하천 전문가들과 함께해온 동천살리기 시민운동의 숨쉬는 동천의 고투는 대단한 것 같다. 다만 이런 노력은 미래의 큰 자산이 될 동천을 위해 더욱더 추구되어야 할 것처럼 보인다.

'정의란 무엇인가'로 우리나라에 잘 알려진 마이클 샌델(M. J. Sandel)은 개인 차원의 권리와 자유만을 강조하는 자유주의 사회에서 개인들의 정치적 무관심과 수동성이 강화되고, 사적 영역에서 각자도생하는 이기적인 시민들만을 양산했다고 비판하나 동천살리기 운동은 공동체에 대한 책임의식과 공적인 삶에 대한 시민의 덕성을 제대로 보여주고 있다고 생각된다. 동천을 둘러싼 공동체의 다른 구성원들과 함께 공동선에 관해 논의하고, 실천해가는 적극적 시민성은 다른 시민단체들이 본받아야 하는 귀감이라고 생각된다.

주민자치의 풀뿌리 민주주의를 강조하는 로버트 퍼트남(R.D. Putnam)도 정부 역량보다도 시민들의 자발적인 결사체 활동을 통해 신뢰와 호혜의 규범인 '사회적 자본(social capital)'을 강조한다. 그는 좋은 정부와 민주주의를 위해서는 시민들 사이의 결사체 참여와 결성, 신뢰와 호혜 의식 같은 시민 덕성과 사회적 자본을 강조한다. 부디 동천의 주민들이 풀뿌리 민주주의와 주민의 참여와 조직화를 더욱 강화해서 마을 공동체들과 생태계를 더욱 치유·건강하게 하고, 지방 정부에 대하여 주민을 대변하는 노력을 잘 잘 수행해 갈 수 있기를… 이런 노력은 당장에 많은 인내를 요구할 수도 있겠지만 미래의 큰 자산이 될 동천을 위해 더욱 추구되어야 할 가치가 있는 것이 아닐까?

한나 아렌트(H. Arendt)나 마이클 샌델과 같은 공화주의적 공동체주의자들이 강조하는 시민적 공동체성, 풀뿌리 민주주의의 시민적 연대와 참여가 더욱더 요청된다는 것이다. 부산시의 하천관리에 대한 기술과 정책도 중요하지만 지역사회의 참여와 활동이 더욱 새로운 대안을 제시해 줄 것이라고 본다. 많은 경우 시민들은 생업과 생존에 함몰될 수밖에 없는 경우가 많지만 시민적 우정을 가지고 지속적으로 제기한 도시재생과 하천 복원의 노력은 숨쉬는 동천을 더욱 존경하게 만든다.

앞으로도 시민참여형 도시재생 하천 운동은 쉽지 않겠지만 자발적 시민단체의 연대와 참여, 동천 유역에 기반을 둔 다른 시민단체와 더욱 깊이 연대함으로써 도시재생과 하천 관리를 너머 도시 역사와 문화, 도시계획, 건축, 교통, 마을살리기운동, 지역 경제가 함께 녹아드는 결실로 이어지기를 희망해본다. 무엇보다도 더 아름다울 수 있는 시민적 덕성과 연대가 강화되어서 끈질긴 생명력과 회복탄력성으로 숨쉬는 동천이 되게끔 최선을 다해 주기를 기원해 본다.

동천 답사 프로그램

- 숨쉬는 동천 자문위원 이정화 (카이수학학원 원장)

10여 년 전인 2014년 10월에 숨쉬는 동천은 매주 주말(토, 일) 오전에 6차례 걸쳐서 부산 시내 초등학생들을 대상으로 '동천아 놀자'라는 재미난 프로그램을 진행했었다. 내용은 상당히 큰 관심과 호응으로 초등학생과 학부모들이 대거 참여하여 도심하천인 동천과 부전천을 중심으로 유역을 답사하는 걷기 탐방 프로그램이었다.

답사 진행을 그 당시의 내용으로 설명하면 먼저 부산시민공원 방문자센터 입구에 집결해서 주의사항과 진행 일정 등을 설명하고 곧바로 공원 내에 있는 부전천 지하박스 입구까지 가서 복개 하천인 부전천에 대한 설명을 한다. 그리고 부산시민공원 밖으로 이동하면서는 동해남부선 철교 아래에 부전천 복개 구간의 인공수로에 세워진 봉수대와 로고탑을 비롯해 LG그룹의 최초 화장품인 동동구리무와 신발 공장들에서 나온 고무신과 운동화 등에 대한 역사와 배경들에 대해서 설명한다. 동천과 지천(부전천, 전포천, 가야천, 호계천)들의 옛 사진을 소민아트센트에서 전시한 것들을 둘러보고 영광도서와 우리나라 최초의 엘리베이터 건물인 아이온시티 빌딩을 지나 하야리아 부대에서 나온 미군 물품들을 판 가게들이 많았었던 서면시장과 그 주변의 맛집 탐방을 하고 휴식 시간을 가진다. 상상마당(옛 엑센시티, 옛 보생고무), 서면인쇄소 거리를 지나 버드나무 한 그루가 시 있는 지점에 오게 되면 동천으로부터 악취가 느껴지기 시작하고 곧바로 벽천폭포와 광무교가 보인다. 옛 제일제당, 옛 동명목재 등의 터가 있었고 부산 지하철의 역사에 있어서 중요 지점이며 동천의 개복 구간 2.7km가 북항바다와 이어지는 시작점이 되는 이곳에서 동천의 역사와 가치에 대해서 설명한다. 동천의 범4호교에서 데크를 따라서 문현금융단지 부산국제금융센터(BIFC) 앞까지 와서는 수질정화 실험들도 해본다. BIFC 63층 전망대까지 초고속 엘리베이터로 올라가서 사방을 구경하고 초등학생들에게 각자 동천에 대한 희망 메시지를 적게 한다. 그리고 답사 수료식과 함께 수료증과 기념품을 전달하고 동천의 답사는 끝난다. 이처럼 동천을 배경으로 숨쉬는 동천이 처음으로 한 아이들과 함께 답사한 활동은 동천유역의 성동초, 성서초, 성남초, 성북초등학교 학생들에게는 물론이고 부산의 초등학생들에게도 부산에 동천이 있음을 큰 자랑거리로 여기게끔 했었다.

동천 유역에 있는 학교들을 답사코스로 해서 소개하면 성동중 → 문현여중 → 성동초 → 부성고 → 동고 →마켓팅고 → 동성고 → 성북초 → 부산진여중 → 경남공고 → 성전초 → 항도중 → 전포초 → 성지초 → 부산진중 → 서면중 → 부전초 → 부산진초 → 성서초 → 성남초 → 배정고 → 아시아공동체학교까지의 걷기 코스가 있으며 이들 각 학교들에서 교가와 교목, 교화 등을 조사해 보는 것도 큰 재미가 있다. 재미난 걷기 코스들 중에는 동천 유역에 있는 교회, 성당, 암자들의 답사코스를 소개하고 싶다. 성동교회(자성대교회), 법천중앙교회, 구세군부전교회, 초읍교회, 범전교회, 전포교회, 문현교회가 있고 전포성당, 서면성당, 범일성당, 성지성당, 양

정성당, 문현성당, 당감성당, 가야성당 등이 있다. 그리고 해로암, 자원암, 가야암, 삼열암, 무량암, 청운암, 옥천암, 다보암, 금광암, 금련암, 석불암, 성도암, 금용암, 백용암 등의 코스가 있다. 이외도 숨쉬는 동천은 동천의 물길에서 향토적 가치를 높이기 위해 역사와 전설 찾기를 계속해오며 동천 유역에서 재미있는 걷기의 답사코스 24개를 개발하였다. 그중에 몇 개의 걷기 답사코스를 추천 소개하니 꼭 한 번 정도 걸으시면서 동천에 대해 관심과 이해를 한층 높여줄 것을 부탁한다.

첫 번째 추천코스로는 BIFC → 골든브리지 → 부산상공회의소 → 범4호교 → 굉무교 → 옛 천우장 → 상상마당 → 스웨덴 기념비 → 부산상고 표지석 → 서면성당 → 서면굴다리 → 부산시민공원(부전천, 전포천) → 부전역 → 송상현광장 → 전포놀이터시장 → 옛 대우자동차 → 옛 경남모직 → 부전도서관 → 카페거리 → 전포성당 → 옛 제일제당 → 옛 동명목재까지의 코스다.

두 번째 추천코스로는 경남공고 강수영 추모탑 → 옛 시외버스터미널 → 황령산터널 → 돌산공원 → 부성고 → 옥천암 → 문현금융단지 → 골동품거리

→ 옛 대선주조 → 옛 동남은행 → 부산진성공원 →
부산진시장 → 영가대 → 부산포왜관 표지석 → 가구
거리 → 옛 일신여학교 → 정공단까지다.

　동천의 개복구간 약 2.7km에는 11개의 교량이 있
는데 3개가 인도교(골든브리지, 오작교, 하구교)이
며 1개가 철교인 동천교가 있다. 나머지 7개는 사람
과 차량이 함께 다니는 교량(광무교, 범4호교, 성서
교, 무지개다리, 범5호교, 범일교, 부두교)이다. 따
라서 마지막 추천코스로는 광무교 → 동천관리사
무소 → 범4호교 → 골든브리지 → 문현금융단지 황
소상 → 부산은행 본점 → 한국은행 부산본부 → 성
서교(범3호교) → 선착장 → 무지개다리(범2호교)
→ 범5호교 → 부산시민회관 → 오작교 → 범일교 →
하구교 → 옛 대선주조 → 옛 연탄공장 → 부두교 →
동천철교 → 미55보급창 → 매축지마을까지 순이다.

　옛날부터서 교량은 지형적 장애요소를 극복하고
도로를 이어주는 중요한 교통시설인 동시에 문학
과 그림의 소재일 정도로 시대와 지역의 문화와 역
사를 담은 상징물이라고 했다. 따라서 동천의 개복
구간에 있는 교량들을 중심으로 한 마지막 추천코
스는 꼭 답사를 해보시기를 권한다.

숨쉬는 동천과 숨쉬는 부산을 위한 궁리

– 숨쉬는 동천 자문위원 박춘열 (하나솔루션 대표)

해불양수海不讓水? 바다는 강물을 물리치지 않는다는 뜻이다. 물은 깨끗한 물이라고 해서 환영하고 더러운 물이라고 해서 물리치지 않는다. 물은 그 어떤 환경도 구분하지 않고 자기에게 오는 모든 물을 다 받아들인다. 그리고 자기 안에서 정화를 시켜나간다. 동천처럼 끊임없이 흐르는 강물은 바다를 만나는 것에 겁내지 않다. 동천 하류의 2.7km 개복구간은 이미 바닷물과 잘 섞여서 지내는 기수지역이다. 바닷물과 섞여서 지내는 동천 하류 구간의 물 위로 동서고가도로가 놓여있다. 이 고가로는 감만사거리에서 사상구 감전동 사상 IC까지 이어져 있어서 김해공항-부산국제금융센터-북항재개발지까지 동서스카이라이너로 활용했으면 싶다. 그리고 부산시민공원에서 출발해 동천을 지나 북항재개발지를 거쳐 영도까지 이어지는 강력한 보행축도 빨리 마련되었으면 한다.

작년 초부터 숨쉬는 동천은 전국에서 처음으로 낫쓰로잉(not throwing) 운동을 시작했다. 쓰로잉(throwing)은 던짐과 투척을 뜻하는 것으로 쓰로잉에 NOT을 붙여서 함께 사용한 낫쓰로잉(not throwing)은 던지지 말자는 뜻이다. 쓰레기를 아무 곳에서나 함부로 투척치 말라는 것이다. 즉 애시당초부터 쓰레기를 거리에 버리지도 않고 버리지도 말자는 뜻의 캠페인 운동이다.

나부터서 쓰레기를 예사로 버리지 않겠다. 아예 안 버리겠다는 것이다. 부산의 어느 곳에서도 쓰레기를 함부로 버리지 말자는 것이 낫쓰로잉(not throwing) 운동이다. 숨쉬는 동천은 숨쉬는 부산(대표 이용희)과 함께 공중화장실(=공중변소)을 깨끗하게 하자는 캠페인도 진행하고 있다. 공중변소를 개선시키고 바뀌게끔 하면 청결 문화가 정착될 것이고 보다 깨끗한 부산으로 개선될 것이라 본다. 부산이 관광도시, 글로벌허브 도시를 지향하고 있지만 유명한 거점 장소들에 가보면 관광버스 전용

주차장도 없는 데다가 심미적으로 불쾌감을 느끼게 하는 공중변소(영세 상가 변소 및 영세 음식점 변소, 영세 유흥점 변소, 재래시장 변소, 주유소 변소, 행사장 변소 등등)들은 관광객들에게 엄청나게 이미지를 손상시키게끔 만들고 있다. 그리고 시내버스를 타게 되면 운전석 뒤를 일부러 가려서 승객의 시내 관광에 작은 흠을 줄 뿐만 아니라 버스차장(=버스기사)의 안전에도 문제를 느끼게끔 한다. 마찬가지로 관광 이미지에 흠 잡히게 하는 것은 택시 승객이 무거운 짐을 가지고 택시트렁크에 실을 때 일부 택시차장들로부터 서비스가 전혀 없다는 것도 부산 관광에 마이너스가 된다고 생각한다. 따라서 이러한 문제점들을 해결치 못한다면 부산은 관광도시가 될 수 없다.

삼포지향三包之鄕의 부산은 늘 자연과 함께 어우러져 숨쉬는 도시인데 최근에는 오포지향五包之鄕(산, 강, 바다, 호수, 온천을 포함한) 도시로 부르자고도 하고 있다. 숨쉬는 동천 환경보건단(단장 이상훈)의 이야기 내용 중에는 "약간의 책임만을 져도 자연은 무한히 돌려준다. 세계적으로 사고하고 지역적으로 행동하자." "자연과 인간이 공존하는 지속가능한 도시는 자연이 필요하다."라는 것이 있다. 국립공원 하나 없는 부산은 생태전환 도시로의 길이 아직도 멀다. 부산에 있는 국가하천과 지방하천들은 환경오염으로 인해 늘 천덕꾸러기 신세가 되어 시민들에게 배척당하기 일쑤다. 그래서 많은 선출직 공직자와 선출직 공무원 그리고 고위공무원들이 부산의 이곳저곳 구석구석을 끊임없이 계속 매일매일 걸어 다니면서 새로운 상황을 찾아서 살펴보고 꼭 해결하는 자세를 가졌으면 한다.

숨쉬는 동천과 숨쉬는 부산은 2019년 3월부터 다음과 같이 칠자七字로 부산을 대개조大改造 할 궁리窮理를 해오고 있다. '스마일인사하기, 부산삼포지향화, 가덕도국제공항, 금정산국립공원, 구거및하천복원, 구립영유아시설, 먹는수돗물해결, 청소년영웅선발, 해상교통관광선, 편리한산복도로, 일인회사만들기, 대마도부산복귀, 외국유학생유치, 작은일자리창출, 구군간체육대회, 마을에광장설치, 재활용공유경제, 젊은이컴백부산, 축제지역연결성, 물활용up부산시, 재래시장차별화, 대중교통존확대, 공무원명찰착용, 초미세먼지제거, 해양우주중심지, 부산일본간터널, 다양한지역매체, 청소년지역걷기,

옥상에나무심기, 배달그릇뒷정리, 안락한대중교통,
홀로생활담당제, 화석연료줄이기, 공공질서높히기,
청년과노년소통, 밝은건물만들기, 늘청소하는부산,
안심가능원자력, 부산지진연구소, 해안선경관보존,
창업활성화도시, 국제결혼거점지, 세계물류중심지,
부산시립대학교, 육아돌봄up추진, 학교간체육대회,
문화예술을확대, 학교간문화교류, 선출직매달대화,
위원회위원공개, 도심까마귀퇴치, 출산율높은부산,
기업들옮겨오기, 세계적청년축제, 국제의료관광지,
하수구악취제거, 연안여객선운행, 부산해양특별시,
소형저류조설치, 부산바다푸르게, 오른쪽걷기부산,
해항부산물축제, 사방공사재확인, 마을저류조설치,
여름철창문열기, 청소일자리획대, 큰나무많이심기,
물관리이용연구, 교통신호등관리, 녹색잔디가꾸기,
노인문화활성화, 담배꽁초의근절, 유람선타는도시,
세개국립대통합, 공공사업비공개, 업타운시민대학,
환경교육일상화, 동서고가재활용' 등을 궁리하고
있는 숨쉬는 동천과 숨쉬는 부산에 대하여 많은 관심
과 협력을 부탁드린다.

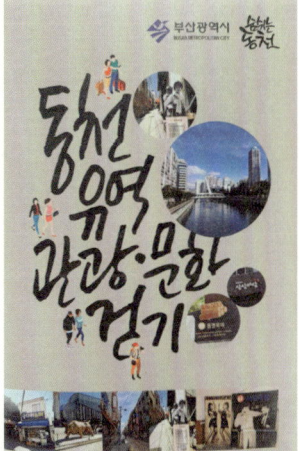

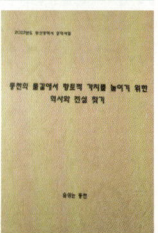

부산의 젖줄, 동천 이야기

– 숨쉬는 동천 회원 권영주 (기행작가)

내 집 근처에 강변이 있다고 생각하면 어떠신가요? 삶이 풍성해지겠지요! 우리도 한때 집 앞으로 맑은 물이 흐르던 동천변을 따라 마을을 이루던 때가 있었습니다. 부산의 중심지 서면을 관통해 북항으로 흐르는 도심하천 동천에는 어떤 이야기가 숨어 있을까요?

동천이라는 지명은 어떻게 생긴 걸까? 동천은 1899년 동래부지도에는 범천으로 표시돼 있어요. 범내골도 범천에서 지명이 유래된 것이고, 범전동 300번지도 범천 앞의 넓은 들에서 나온 지명이지요. 언제부터인가 부산진성에서 볼 때 성의 동쪽으로 흐르는 하천이라 붙여진 이름입니다. 작은 하천이 아니었지요. 전포동 부근은 밀물과 썰물이 교차하는 곳이라 배들이 정박하는 선착장이 있었고, 특히 조방 앞 '범일동 선착장'은 아주 유명했어요. 포구를 낀 전포동과 옛 제일제당이 있던 '더샵 센트럴스타'까지 배가 드나들었던 것이지요. 부산포 해전을 기록한 난중일기나 일제강점기 조선방직주식회사 자료를 보면, 지금의 당감동까지 뱃길이 있었고, 범일 시장까지 배가 다녔던 것을 알 수 있습니다. 동천 주변에서 생산된 제품을 운송하는 물류 이동 통로로써 물동량 수송 창구 역할을 했음을 알 수가 있지요.

부산에는 동천과 같은 하천이 얼마나 있을까? 국가하천, 지방하천, 소하천 등 총 82개의 하천이 있습니다. 예산을 집행하는 관리주체에 따라 나누는데요, 국가하천은 국가 예산을 투입하고, 지방하천은 지방자치단체인 부산시 예산으로 관리를 합니다. 그 많은 하천들이 다 어디로 갔을까요? 지금은 모두 콘크리트에 덮여 땅 위에서는 볼 수가 없어요. 82개 하천 중 국가하천이 5개소이고, 지방하천은 동천, 부전천, 전포천, 가야천, 호계천을 비롯해서

46개소, 소하천들이 32개소로 구성되어 있습니다.

동천의 발원지는 어디일까? 도시개발로 발생한 공장의 오·폐수와 많은 생활하수를 제때 처리하지 못하게 되면서 인근 하천들은 악취가 심해졌습니다. 냄새를 막는 가장 쉬운 방법이 콘크리트로 덮는 것이었지요. 복개한 하천을 주차장이나 도로로 이용하게 됩니다. 그런 장점도 있었지만, 문제는 오염원을 관리할 부서가 일정하지 않아 관리가 잘되지 않았어요. 동천을 한때 '똥천'이라고도 불렀는데요, 특히 날씨가 더워지면 코를 막고 다닐 만큼 동천변의 악취가 심했습니다. 바닥에서 가스가 올라와 보글뽀글 거품이 올라오는 사진들을 많은 언론들에서 보도했어요. 바닥에 깔린 부유물에 산소가 공급되지 않으니 물에서 계란 썩는 악취가 진동했던 겁니다. 동천의 발원지는 백양산 선암사 뒤 너덜지대입니다. 상류에 가보면 정말 물이 깨끗해요. 당감천은 부암역 사거리에서 가야천과, 부산진구청 쪽에서는 부전천, 전포천과 합류하고요, 남쪽인 범일동과 안창마을에서 발원한 호계천은 옛 보림극장을 거쳐 조방 앞을 지나 부산시민회관 지류에서 동천과 만나 북항으로 유입됩니다. 이렇게 동천은 4개의 지방하천이 합류해 도심을 관통하는 대표적인 도심하천입니다. 지금은 대부분 복개되어 옛 모습을 볼 수가 없지만 발원지의 깨끗한 물이 주택과 상가의 오·폐수로 인해 5급수라는 최악의 수질 등급을 받게 된 거지요. 이걸 정화해 보겠다고 동천 한가운데다 분수를 설치해 해수를 방사했지만 수질 개선에는 별 효과가 없었습니다. 하수관은 분류식과 합류식 두 종류가 있는데요. 현재의 합류식 하수관은 빗물과 하수가 같이 들어오는 방식을 사용하고 있지요. 무엇보다 생활 오·폐수가 유입되지 못하도록 분류식 하수관 공사를 해야 합니다. 서울의 양재천과 청계천, 부산의 온천천은 대표적인 생태하천입니다. 하천이 지닌 본래의 자연성과 생태적 기능을 살려 건강한 하천이 된 겁니다.

동천이 중요한 이유는 무엇일까? 도심 속 하천은 오아시스입니다. 기후 위기 시대에 하천의 역할이 매우 중요하거든요. 습도를 조절해 주고요, 특히 해마다 높아지는 지구온난화를 감소시키는 역할을 하지요. 특히 물의 치수기능, 이수기능, 환경기능이 공존하는 것이 하천인데요, 최근 기후변화로 하천의 기능은 더욱 중요해졌습니다. 시민들의 도심 체감 녹지율 충족과 기후 위기로, 환경부에서도 지방하천을 국가하천으로 승격시키는 계획을 발표했습니다. 국가 예산으로 빠르게 하천을 복원하겠다는 것이지요. 현대백화점부터 부산시민회관까지 약 420m 구간의 생태하천 재생을 위해 호계천의 복개를 걷어내고 도심 속 자연 하천으로 되살릴 계획도 가졌습니다. 상상만 해도 신나는 일이죠.

역사 속 동천은 어떤 곳이었을까? 동천은 대한민국 근대산업의 발원지입니다. 삼성(제일제당), LG(락희화학, 럭키치약), 대우(신진자동차), 경남모직, 조선방직 등 한때 우리나라 경제를 이끌던 기업들이 동천 주변(부전동, 전포동, 범일동, 문현동 등)에서 태동했습니다. 가까운 부산항을 기반으로 신발산업도 번창했어요. 향토기업인 동양고무(기차표), 삼화고무(범표), 태화고무(말표), 진양고무, 대양고무를 들 수 있습니다. 6·25전쟁 때는 서면의 한 마을이었던 거제리에 포로수용소가 있었고요, 휴전 후 1955년까지 전포동에 7년간이나 육군형무소가 있었습니다. 형무소 옆에는 병무청도 있었지요. 내 기억 속의 동천은 이렇습니다. 1973년 동천 주변에 부산시민회관이 건립됩니다. 개관기념으로 '25시' 작가 게오르규 초청 강연회를 가졌는데 나도 그 현장에 있었지요. 그때가 '똥천'으로 불리던 때로 악취가 너무 심해 동천 쪽으로는 창문이 하나도 없었던 기억이 납니다. 부산의 젖줄 동천이, 생명의 강으로 복원되어 많은 부산 시민들의 사랑을 받는 도심하천이 되기를 기대해 봅니다.

동천의 침수를 극복한 22세기의 부산

– 숨쉬는 동천 회원 이마룬

배경은 가까운 미래인 22세기 말의 부산, 계속된 기상 위기 이후로 부산시는 해수면 상승에 대비하여 바다와 맞닿는 구역에 방벽을 설치하였다. 주인공은 여러 방벽 중 오륙도 방파제와 조도 방파제를 잇는 부산시가 만드는 수중 방벽 중 두 번째로 큰 오륙도 방벽을 설계한 사람 중 하나이다. 그러나 건설 과정에서 원가 절감과 기후 위기에 대한 인식의 부재로 인해 오륙도 방벽은 그의 설계대로 건설되지 않았고, 이에 맞서다 그는 결국 회사에서 부당한 해직과 입막음을 당하는 데 이른다.

10여 년의 시간이 흘러, 해수면은 더욱더 높아졌고, 대한 해협 건너 일본 구마모토현 부근의 해저에서 발생한 지진으로 사상 최대의 쓰나미가 밀려와 방벽 일부를 무너뜨렸고, 이는 부산항 일대와 동천을 중심으로 부산 중심부의 상당 부분이 침수되는 데 이른다. 해수를 활용한 핵융합로를 통해 한반도 최대의 친환경, 고효율의 발전을 이룩하였던 영도 수중 발전소가 방벽과 함께 망가진 통신제어 케이블로 인해 작동을 멈추자, 한반도 남부에 대규모 정전과 통신 마비를 일으키게 되었다. 엎친 데 덮친 격으로, 부서지다 만 오륙도 방벽은 전력 문제로 배수펌프가 작동되지 않아 오히려 부산에 물을 가두는 댐으로 작용하였고, 도시의 기반 시설을 운영하는 로봇들도 침수로 인한 고장 및 전력 공급 단절로 모두 멈춰버리게 되었다.

그날 부산 시민들은 동천이 도심을 가로지르는 모습이 아름답고, 부산 최고, 최대의 상권이었던 서면 일대가 하루아침에 물에 가라앉는 것을 보았다. 도심 하천들의 수위는 점점 더 높아지고 범람하여 곳곳의 도로를 침수시켜 교통마비는 물론, 통신, 가스, 수도 공급과 같은 인프라의 혜택은 아예 생각도 못 할 지경의 패닉상태에 빠졌다. 주인공과 몇몇 영웅적인 사람들이 재난 극복을 위해서 노력하고 있고 시민들과 함께 전력 복구와 통신수단 확보를 위해 라디오 송신안테나를 만들어서 지금의 상황을 알려 도움을 요청하는데 온갖 힘을 쏟는 활동을 하였다.

　일주일의 시간이 지난 후, 쓰나미가 지나간 뒤 꽤 오랜 시간이 흘렀음에도 물은 좀처럼 빠지지를 않으며 오히려 폭우마저 쏟아지면서 도심의 복구는 더 난관에 봉착했다. 당연히 식량난도 따랐고, 이에 사람들은 물과 식량의 보급을 위해 힘을 합쳤다. 깨끗한 물의 공급은 우수 저장 시설과 침수에서 벗어난 동천 상류의 성지곡 수원지를 활용하였다. 하지만 식량의 문제가 남아있었는데, 한 시민이 흙과 물로 덮여있던 동천 지하 도시 농장의 출입구를 확보해 냈다. 재난 사태 전의 동천은 기본적인 정수만 하면 마실 수 있을 정도로 맑은 물이 흐르는 하천으로 이미 일찍부터서 복원되었고, 이를 기반으로 지하 도시 농장이 동천을 따라 구성되어 있었는데, 지금 그 시설의 입구가 다시 드러난 것이었다. 도시 농장의 작물은 신선하지만은 않았지만, 많은 씨앗과 살아있는 작물을 확보할 수 있었으며, 안정적 식량 확보에 대한 문제를 어느 정도 해결하였다. 하지만 아직 동천과 그 일대는 쓰나미로 인해서 바닷물이 범람하고 하수처리시설과 하수관거의 침수로 인해 아직도 많은 오수가 유입되어 있어서 오염된 상태로 있다.

며칠 후, 재난 구조신호를 보내던 부산 자치정부와의 연락을 통해 방벽의 손상과 이로 인한 발전소의 제어망 손상에 대한 소식을 들은 주인공은 정부로부터 파견된 발전소의 시스템 관리자와 쓰나미 사태에서 살아남은 몇 안 되는 건설용 로봇과 함께 오륙도 방벽과 붙어있는 수중 발전소로 향하였다. 주인공은 방벽의 제한 출입구를 통해 끊어져 버린 발전소의 제어선을 찾아, 관리자가 원격 조작할 수 있도록 안내하였다. 중간중간 무너진 잔해는 로봇이 치워주며, 원격으로 복구가 완료된 발전소와 지상과의 통신망 및 전력선의 보수를 하였으며, 드디어 방벽의 펌프가 재가동되기 시작했다. 이를 통해 부산은 쓰나미 사태가 일어난 지 3주 만에 뭍을 드러냈으며, 부산 정부는 빠른 복구에 임하였다.

방벽이 그나마 쓰나미의 위력을 줄였는지, 수면 아래 깊이 있던 수중 건물과 원양 부력형 수상 시설들이 그나마 적은 피해를 본 것이 복구 과정에서 드러났다. 부산시는 앞으로 다가오는 23세기 초부터는 방벽의 보수와 함께 이러한 건축 방식을 더 보완하기 위한 지원 사업을 여는 한편, 해당 양식을 적극 도입기로 하였다. 이러한 건축 방식은 평지가 부족한 부산의 단점을 극복하는 데 큰 역할을 할 것이다. 부산 자치정부는 오륙도 방벽의 부실 건설의 원인이 되었던 회사와 주요 인물을 엄벌에 처하면서, 주인공을 남해안의 새로운 방벽과 해상, 해저 신도시의 설계자로 임명하였다.

주인공은 새로운 방벽이 해일을 차단하고 해수면의 상승은 막으면서도, 수중생물의 이동이 자유로울 수 있도록 하는 방벽을 설계하였고, 해안선과 방벽 사이의 해면을 수중부유 건물들로 채워가는 해상해저 신도시 건설에도 집중할 것이다. 23세기 이러한 수중부유형 도시는 해수면 상승에 대한 재난 대비 방법으로 전 세계의 이목을 집중시킬 것이다.

부산 도심의 심장인 동천을 살리는 길

– 숨쉬는 동천 회원 김용식 (한국자원봉사연합회 이사장)

동천에 대하여 나는 인연이 참으로 많다. 경남공고를 다니다 보니 하루 한 번씩은 동천 다리를 건너야 하고 학교를 마치고 1962년도 11월 첫 직장이 제일제당이라 매일 수십 대의 원당原糖(설탕원료)을 실은 차들이 동천 앞길을 부지런히 다니던 그 당시를 기억해 본다. 건너편에는 부산의 대표기업 동명목재 공장이 있어 매일 동천 주위에는 시컴한 냄새로 이어졌지만, 그 당시 너무나 못 살 때라 원당의 냄새와 조화되어 흐르는 동천이 하천으로 또한 주택에서 흘러나오는 하수구로 여겼을 뿐, 오늘날의 공해가 어떠니 침출물이 어떠니 혼탁도가 얼마인지 하는 개념은 전혀 없었다.

다만 시가지의 홍수를 대비한 배수구의 일환으

로 여겼던 동천이 오늘날 서면이 부산의 중심지가 되면서 건물과 도로가 많아지고 인구가 늘어나면서 생활 중심지가 되다 보니 그 중앙에 흐르는 동천의 귀중함이 새삼 시민들의 관심과 여기에 문제되는 오염과 공해 환경 등을 감안한 일상 주거지의 활력소로 개선이 시급함이 부각되고 있다. 특히 동천이 흐르는 지선에는 문현금융단지가 크게 들어서고 통행하는 인구가 급속히 늘어나면서 동천의 고질적인 악취의 거부감이 말이 아니다. 그동안 부산시에서 문제를 해결한다고 펌프시설을 확장하고 했지만, 바다와 만나는 조류의 영향으로 흐르는 물의 양이 더딤으로 인하여 오히려 주택 하수구가 역류하여 더욱 문제를 확산하다 보니 동천의 맑은 물은 요원한 것으로 참으로 초조한 기분으로 맑은 물이 흐르기를 기다리고 있다.

작년까지만 해도 2030 EXPO 개최지가 부산에 확정된다고 하여 거창한 개발 디자인에 동천을 먼저 살린다는 시장의 언급도 있었지만 물거품이 되고 예산이 없는 사업 전개는 희망이 사라진 현실에 어제도 동천 길을 상공회의소에서 걸어 보았지만 여전히 물 색깔은 흐려 물고기가 살 수 있는 동천의 친화적 살림은 어려울 것 같아 동천을 사랑하는 한 사람으로 참으로 아쉽고 답답하다.

동천의 출발은 백양산 발원지에서 흘러 당감동을 거쳐 부전천으로 이어지는 곳으로 이곳에 호흡을 함께하는 시민의 수만 해도 100만이 족히 된다. 요즈음은 행복 시대라고 노래하는데 인간이 못 먹어서가 아니요, 더욱 오랜 삶을 구가하기 위해서는 좀 더 좋은 환경 속에서 맑은 공기와 깨끗한 물이 있는 가운데 좋은 음식으로 살기를 원한다. 모든 이들의 희망은 내 주위에 맑은 물이 흐르는 개울을 보면서 걸어보는 것이 최대의 바람이 될 것이다.

동래와 온천장을 흐르는 온천천은 정말 부산의 명물로 시민들의 사랑을 받고 있다. 또 한 번 장기적인 마스트플랜으로 동천 살리기에 시민들의 뜻을 모아야 한다. 이제 북항 친수공원이 정식 개방되면서 부산시민공원에서 동천을 따라 미55보급창의 이전과 개방으로 동천의 흐름을 연결하면 새로운 관광의 명소로 이어지는 부산의 자랑거리로 조성될 수 있어 더 한이 없는 부산발전의 기폭제가 될 것이 틀림없다.

지금 개최되고 있는 프랑스 올림픽의 센강도 실

지 별것 아니지만 에펠탑을 중심으로 주위를 잘 개발하여 세계적 명소로 도시발전에 지대한 영향을 주고 있다. 또한 일본 오사카의 중심을 흐르는 좁은 하천인 도톤보리도 새로운 관광지로 명성을 얻고 있음에 부산은 제조공장이 없는 현실에서 새로운 아이템을 찾아 만들어 가는 길에서 동천을 살리는 일이 필요함을 역설하는 것이다. 또한 부산의 자랑인 오륙도와 연결시켜 보는 시점에서도 동천을 살리는 것이 이런 모든 일의 시작이 될 수가 있어서 다시 한번 부산 도시의 심장인 동천을 살리는 일에 마음을 모아 함께하자.

역사로 보는 동천

– 숨쉬는 동천 회원 정순태 (래추고마을관리사회적협동조합 이사장)

　지금의 동천은 일제강점기에 지어진 이름이다. 1924년 조선총독부 육지측량부에서 그린 조선지형도 부산북부지도를 보면 동천東川(豊滿川, 풍만천)이라고 표시해 놓았다. 옛날에는 풍만강楓滿江, 豊滿江 또는 보만강寶滿江이리는 기록과 임진왜란 이후에는 범천凡川이라는 기록이 지도와 왕조실록에 있다. 조선시대 동래부 서면 일대의 모든 하천이 합류하여 부산만으로 흘러들고, 밀물이 밀려 올라올 때 주변은 거대한 강의 모습을 연출하여 풍만강으로 불리게 되었음을 짐작케 한다.

　현재 전포천, 부전천, 가야천 등의 지방하천들이 동천의 광무교 부근에서 합쳐져 부산만으로 흘러든다. 범천은 수정산에서 발원하여 범천계곡을 거쳐 범내골 부근에서 동천에 합류하였다. 1711년 범내골을 내려오는 범천을 건너던 목조다리가 썩어 돌다리로 교체하였다는 호천석교비虎川石橋碑가 세워진 것과 1872년 그려진 군현지도에 범천이라는 기록을 보면, 동래부에서 초량왜관으로 가는 길목(현재 광무교 부근)에 흐르는 하천을 범천으로 불렀을 개연성이 높다.

1904년(명치 37년) 일본수로부에서 그린 조선남동안 부산항 지도를 보면 현재의 부산진성공원釜山鎭城公園 뒤쪽은 강어귀로 바다와 접하며, 문현동 어귀에도 작은 섬들이 여럿 존재하는 갯벌 지역이었다. 1886년 촬영된 부산진성 사진을 보면 자성대 뒤편은 밀려 올라온 바닷물로 강이라기보다는 바다로 여겨지는, 어쩌면 지금의 낙동강 하류가 연상되는 모습이다. 1904년 그려진 지도를 보면 범천은 원래 동천과 합류하지 않고 부산진성 뒤편으로 흘러 부산만으로 유입되었으며, 1918년 즈음 일제가 조선방직을 건설하면서 물줄기를 직선으로 내어 동천과 합류하게 하였다.

1915년에 그려진 부산항 전도를 보면 부산진성 뒤편은 매립이 되었으며, 가야천과 부전천은 합류하지 않고 부산만으로 유입되고 있으며, 수정, 좌천, 범일지역의 바다를 매립하기 위하여 매축지예정구역埋築地豫定區域으로 지정해 놓은 것을 알 수 있다.

동천은 일제강점기에 조선을 수탈하기 위한 일본의 목적에 의해 직강 하천으로 변형되었고, 한국전쟁과 산업화 과정을 거치면서 많은 인구가 유입되자 수질은 급속도로 악화되었다. 지형을 고려하지 않고 하천을 직선으로 변형시키고 매립공사를 하여, 만조와 폭우가 합쳐지면 하류의 저지대 주민들은 침수 피해로 고통받고 있다는 뉴스를 자주 접한다. 수십 년 동천의 수질개선을 위해 부산시는 땜질식 처방만 한다는 비난을 받고 있으며, 최근 설치한 해수도수 펌프 시설도 고장으로 가동이 멈추어 악취로 인한 인근 주민들의 생활의 질이 열악해 불만이 많다.

우리나라 제2의 도시라는 위상에 맞게 환경을 잘 보호하고 가꾸어야 한다. 부산은 산과 바다로 구성된 도시이며 관광산업이 미래의 먹거리라고 하면서 부산의 한복판을 가로지르는 하천인 동천이 썩어서 악취로 모두가 외면하는 현실을 부산시는 언제까지 외면할 것인지 묻고 싶다.

▶ 1886년 부산진성과 풍만강

▶ 1678년 이전의 부산진성

▲ 1924년 조선총독부에서 그린 지도(豊滿川)

동천에서 나는 생각만 했을 뿐

– 숨쉬는 동천 회원 이해란

어느 평범한 고2 페토 학생의 여름방학이 시작되었다. 페토는 아빠가 라틴어에서 '진로를 잡다, 길을 가다'의 뜻에서 가져온 페토(pétó) 이름이다. 숙제를 미리 하는 성격이기에 마침 동천에서 쓰레기 치우기 자원봉사지를 모집한다는 내용을 보았기에 봉사 시간을 먼저 채우려고 생각했다.

바로 다음 날 페토는 봉사를 하러 가기 위해 가는 중간중간에 동천 주변 푸른 나무 밑에 쓰레기들이 많이 흩어져있는 것을 보았다. 페토는 옆에 쓰레기통이 있음에도 불구하고 바닥에 쓰레기를 버리는 사람들이 이해가 가지 않았다. 그렇지만 생각으로만 이렇게 했을 뿐 가면서 직접 쓰레기를 줍진 않았다.

페토는 자원봉사센터로 가서 청소도구들을 받은

뒤 동천 주변에 있는 쓰레기들을 줍기 위해서 물 쪽으로 갔다. 그때 어디선가에서 '좀 여기로 와 봐' 하는 소리가 들려 그 방향으로 갔다. 점점 더 소리가 확실하게 들렸고 곧 그 소리의 주인공을 만났다. 페토는 그 목소리의 주인공을 보자마자 비명을 질렀다. 왜냐하면 그 목소리의 주인공은 이 동천의 해신이라고 자신을 칭하는 악취가 나는 어떤 무언가였기 때문이다. 해신은 다짜고짜 '야! 이 능력 잠깐만 줄 테니까 쓰레기 좀 치워'라고 말한 뒤 물속으로 사라졌다. 페토는 한참을 서서 어떤 상황인지 파악하려고 생각에 잠겼었다.

페토는 아까의 일을 잊어버리려고 노력하면서 동천에서의 자원봉사를 다시 시작하였다. 아까의 일이 생각날 것 같아 동천 물가 쪽으로는 안 가고 데크를 따라서 수변의 나무 밑에 버려진 쓰레기만을 줍고 또 주웠다. 그런 후 페토가 이미 주웠던 곳을 다시 가보니 또 쓰레기가 산재해 있고 버리는 사람들도 있었다. 페토는 화가 났고 '저 쓰레기를 좀 없앴으면 좋을 텐데'라고 무의식적으로 생각했다. 그런데 이럴 수가! 바닥에 있던 쓰레기들이 없어졌다. 페토는 당황하였지만 다른 사람들은 별 반

응이 없어 보였다. 페토는 쓰레기가 없어진 곳으로 가서 한참을 쳐다보았고 또 다른 쓰레기들도 없어졌으면 하고 또 생각했다. 그랬더니 마침내 주변의 쓰레기들이 대부분 사라지고 자신의 쓰레기 수거 봉투가 무거워졌음을 알아 쓰레기 수거 봉투를 보니 주운 적도 없던 쓰레기들이 가득 차 있었다. 그때 페토는 어떤 무언가가 생각났다. 그 생각을 하면서 봉사센터로 가 새로운 쓰레기 수거 봉투를 받았다. 그리고 생각했다. 여기에 있는 쓰레기들 전부 다 이 쓰레기 수거 봉투 속으로 들어왔으면…! 그러자 모든 쓰레기들이 수거 봉투 속으로 들어왔다. 아까도 그랬듯이 그 누구도 지금의 이런 광경에 대해서 무관심했다. 페토는 동천에서 어마어마한 양의 쓰레기들을 치우고 집으로 돌아갔다. 집에 돌아와서도 그 능력을 한 번 사용해 봤더니 실제로 똑같은 일이 벌어졌다. 페토는 꽤나 신기하고 신나서 좋아했다. 페토는 다음날도 동천으로 봉사하러 갔다. 역시나 다를까 바닥에는 많은 쓰레기들이 나뒹굴고 있었고 사람들은 무관심했다. 페토는 어제와 같은 방식으로 동천 자원봉사를 한 뒤, 친구들과 함께 자원봉사센터에서 '동천에 쓰레기들을 버리지 맙시다'라는 캠페인 현수막을 여러 곳에 달고, 홍보 리플릿도 시민들에게 열심히 전달하는 동천에서의 활동을 마치고 집으로 왔다. 페토는 집에서 또 쓰레기 수거의 그 능력을 사용해 보려고 했지만 계속 실패만 하고 알았다. '아! 없어졌네.' 그 능력이 그렇게 아쉬운 마음을 뒤로 한 채 남은 여름방학을 동천에서 마음껏 즐겼다.

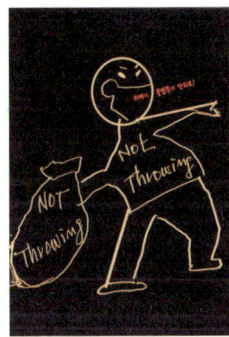

동천 광무교에서 동명목재와 제일제당의 일화

– 숨쉬는 동천 생태문화관광해설사 주윤순

동천을 옛날에는 풍만강 또는 보만강으로 불렀다고 한다. 동천의 광무교는 조선시대에 초량왜관을 향하는 동래부사의 행차 길로 건너야만 했던 다리였을 것이며 이후에는 광무교 위로 노면전차가 지나다녔다. 지금은 서면교차로와 범내골교차로를 이어주는 주요 도로의 교량 역할을 하면서 아래에는 지하철이 달리고 있다.

한국전쟁 시기에 동천의 광무교 양단에서는 한때 우리나라에서 최대의 기업이었던 동명목재와 제일제당이 각각 자리를 잡고 있었던 적이 있다. 동천의 물이 흐르던 광무교에서 동이 트는 새벽처럼 번영하자는 뜻의 이름을 담고 건축자재를 만드는 합판공장인 동명목재와 제일 좋은 이라는 뜻으로 설탕을 만드는 제당공장의 제일제당이 각각 터를 잡고 있었던 적이 있다. 당시 우리나라 최대의 기업인 두 회사의 공장들은 우리나라 경제발전을 이끈 산업체들 가운데 중추를 이루었으며 이 두 공장은 동천의 광무교 옆에 있었다.

일본인 가구점에서 목공 일을 하던 청년은 1925년 4월에 동명제재소를 세우고 사업이 날로 번창해지자 그는 동천변에 공장을 짓고 제조시설을 설치하면서 회사 이름을 동명목재로 출발하였다. 그 후 동명목재는 1960년대 한국의 10대 기업에 포함되었으며 임직원만 해도 6,000명이 넘었다. 동남아시아에서 원목을 수입해 동천에 한가득 띄워놓고 합판을 생산하기 시작했다. 그 당시 전 세계적으로 합판이 건축자재로 각광을 받던 시대였기에 합판 수출에 힘입어 지속적으로 시세를 확장해 나갔다. 1969년에는 2,700만 달러의 수출고를 올리며 국내 수출 1위를 기록하면서 1975년까지 7년간 연속으로 전국 수출 1위를 유지했다. 동명목재의 최고 전성기였다. 합판의 제조공정에서 접착제를 도포하고 접착력을 강화시키기 위한 작업 기술력은 그 후에 부산이 세계 신발산업의 메카로 성장하는 데 있어서 한 축을 일임했던 접착제 산업에도 크게 기여했을 것으로 생각한다. "기업인은 자신의 기업을 자신의 재산이나 소유물로 여기기보다는 기업을 통해 자아를 실천하고 국가의 공익을 위해 모든 것을 바치는 정신으로 일관해야 한다."와 "백련천마, 즉 배우고 익힌 지식과 기술을 백번 천번 부지런히 갈고 닦는다."는 뜻의 글귀는 부단한 기술 연마를 통해서 장인정신을 가질 것을 주문했던 동명목재의 기업 철학으로 시사하는 바가 크다. 수출 1위 부산 최고의 기업이었던 동명목재는 아쉽게도 1980년대 초에 비운을 맞이했다.

한국전쟁 정전 직전인 1953년 여름에 1,000여 평의 공장 하나가 부산진구 동천의 광무교 옆에 세워졌다. 이름은 정제당 회사인 제일제당으로 그해 11월에 순백색의 설탕을 처음으로 생산하기 시작한 우리나라 최초의 설탕공장이었다. 100% 수입에 의존하던 설탕이 대중화로 돌아서자 설탕값은 저렴해졌고 제일제당은 시장의 독점적 지위를 굳히면서 이듬해 공장을 증설 확장하면서 급성장했다. 그 시절 제당기업은 최첨단 산업이었다. 생산능력이 배가 되면서 하루 50톤의 설탕을 만들었는데 이것은 당시에 우리나라 전체 설탕 소비량의 30%를 넘기는 대단한 수준으로 급기야 1962년에는 우리나라 최초로 설탕을 수출까지 하기에 이르렀다. 마산에서 정미소를 운영하다가 한국전쟁으로 부산에 온 창업주는 동천 광무교 옆의 부지 일대에서 첫 제조업을 시작했던 것이다. 그는 제일제당 공장 내 단층 한옥에 백설관이라는 집무실을 두고 생산과 판매 업무를 총괄 지휘하였다. 제일을 지향하기 위하여 '한 발만 앞서라, 모든 승부는 한 발자국 차이다'라는 창업 슬로건을 내걸었다. 사훈을 제일로 한 것은 최고가 되어 우리나라 산업보국에 기여하겠다는 강한 의지를 보여주기 위함이었다. 국내에서 안정적으로 설탕이 만들어지게 되자 제과산업이 크게 발전을 하게 되었다. 그 후, 회사의 지분 과정에서 제일제당은 1993년 삼성그룹에서 분리되었고 2005년 부산공장 시대를 접고 서울, 인천, 양산 등으로 이전하면서 부산 기업이라는 이미지도 사라졌다. 동천이 흐르는 서면 도심에 자리했기에 더 이상의 부지 확장이 어려웠기 때문이기도 했었다. 그리고 2006년 12월에는 제일제당의 공장과 함께 창업주가 애착을 가졌던 백설관이 철거되어 그 위치에는 현재 대규모 주상복합건물인 더샵센트럴스타 가 들어서 있다. 지칠 줄 모르고 진격했었던 이 두 기업의 저력은 부산의 동천만이 가졌던 바로 그 저력에서부터 비롯된 것이다.

동천 일대에 집결한 기업과 공장들(1960년대)

동천의 수호신

– 숨쉬는 동천 회원 이아란

　우리나라의 용龍 미르는 본디 물을 뜻하는 물에서 따온 만큼이나 물속에서 도를 닦아 스스로가 물인지 물이 스스로인지 분간하지 못할 정도로 경계의 의미가 없어질 때 비로소 하늘을 나는 능력이 생긴다. 그전까지는 이무기螭龍로 살아가게 된다.

　물이 꽤나 모여 있는 곳이라면 어디든지 이무기가 수양을 쌓고 있는데 그것들의 특성은 당연하게도 그곳에 물의 성질과 닮는다. 또한 그곳의 물은 그 지역 땅과 바람과 사람들의 자화상이다. 우리나라 부산시 부산진구, 남구, 동구에 걸쳐서 위치한 동천이란 이름을 가진 크고 긴 강에도 이무기가 도를 닦으며 지내고 있었다. 그러나 미르가 되기를 꿈꾸며 세월을 보내는 동안에 그 자태는 병든 것처럼

심히 못나고 힘이 없었다. 자태는 오물 덩어리와 구분이 힘들었다.

예전의 동천은 아무리 큰 가뭄이 들어도 맑은 물이 끊임없이 흘러내렸다. 그 풍부한 물로 논농사와 밭농사를 지었으며 동천이 바다와 만나는 곳에서는 사시사철 다양하고 풍부한 물고기와 조개류들이 잡혔다. 철새들도 무리를 지어 날아들어 넓은 갯벌과 갈대숲은 장관을 이루었던 곳이다. 그러나 세월이 지나가면서 욕심 많은 소수의 사람들이 논과 밭을 너무 많이 개간하여 동천은 얕아져서 어선들이 다니기가 힘들어졌다. 그리고 왜구가 출몰하자 조선 수군들은 방어진지 구축을 위해서 지역에 큰 성들을 건설하게 되자 동천은 아름다움을 더 잃어 갔다. 풍만강 또는 보만강이라는 이름에서 동천으로 바뀌어 불리게 되었다. 일제강점기가 되자 동천의 물길은 더 좁고 얕아지면서 강이 아니라 수로로 변해버렸다. 그 후로 시가지가 늘어나고 도로와 공장들이 동천변으로 들어서자 악취가 생기고 심한 폭우에는 견디지를 못하는 하천이 되었다.

많은 이무기들은 강이나 하천에서 수련을 거듭하지만 실패하여 용이 되지를 못해서 용이 되기를 포기하는 경우들도 있었다. 그런 이무기는 독룡毒龍의 길로 빠진다. 독룡은 사람을 헤치는 행위를 망나니처럼 하다가 용들에게 죽임을 당한다. 동천의 이무기도 수련을 거듭했지만 실패했다. 포기를 고민하고 있다. 동천의 이무기는 성품도 곱고 행실도 발라서 능력 있는 조력자를 기다렸지만 지금까지 나타나지를 않고 있었다. 오늘날 사람들은 자기들 살림살이에 바빠서 기후 위기니, 환경오염이니 하는 것들에는 실질적으로 거의 관심을 안 쏟고 있으며 그나마 관심 있는 사람들도 왜인지 이 동천 주변으로 안 오고 있어서 슬슬 포기할까 싶은 와중 오랜만에 주변이 시끌시끌해져 뭔 일인가 둘러보니 자원봉사단이었다. 자원봉사 단원 중에 마음이 드는 인물이 보였다. 이에 눈이 번쩍 뜨인 동천 이무기는 조력자와 인연을 맺으려고 서둘렀다. 역시 그 조력자도 이무기를 돕기로 했다. 동천의 이무기와 조력자는 합심하여 동천을 정화시키기 위해 노력하였다. 마침내 정화된 동천에서 이무기는 용으로 승천하여 동천의 상공에서 동천을 늘 수호守護하기 시작했다.

동천의 이무기와 조력자가 동천을 살릴 수 있었

던 개선 방안은 이렇다. 동천에는 너무나 많은 오염 물질로 물속과 바닥을 정화시키는 데 오랜 시간이 걸렸다. 그렇지만 그들은 동천과 연결된 성지곡의 계곡수를 부전천으로 흘려보내면서 꾸준하고 지속적으로 유용미생물제재(부산광역시 하천 수질 개선용 유용미생물 생산·공급시설 설치·운영 조례, 부산광역시 유용미생물 생산·공급 및 투여지원에 관한 조례)를 사용했던 것이다. 부전천 상류인 성지곡 계곡에서부터 오염을 정화시키고 수질을 개선하면서 계곡수를 동천으로 유입시켰던 것이다. 그러면서 많은 불명수들도 찾아내어서 부전천을 따라 동천으로 흐르게 했다. 청명하게 변한 동천의 물을 본 시민들은 환호했다. 수질이 너무나도 좋아지자 동천에 대한 관심은 시민들뿐만 아니라 여러 관계기관의 공무원들, 심지어는 사업가들도 몰려들어 관심들을 가졌다. 문현금융단지 내의 금융 회사들도 보다 나은 동천을 만들기 위해 많은 투자를 약속했었다. 동천을 살리기 위해 최고 앞장에선 숨쉬는 동천은 동천이 살아나려면 수질개선뿐만 아니라 동천의 형상도 자연스럽게 변해야 한다고 이야기하였다.

145

동천에서 미생물처리를 활용하여 황화수소 제거에 대한 제언

– 숨쉬는 동천 자문위원 김광현 (동의대학교 명예교수)

악취는 황화수소, 메르캅탄류, 아민류 등의 자극성 있는 물질이 사람의 후각을 자극하여 불쾌감과 혐오감을 주는 냄새를 말한다. 악취는 음식물쓰레기, 가축의 축사, 하수처리장, 하수구 및 오염된 하천 등에서 주로 많이 발생되며 대기배출로 일어나는 악취는 공기의 질을 악화시킬 뿐만 아니라 인체의 건강에도 악영향을 미친다. 악취를 처리하는 방법에는 흡착, 광촉매 산화, 고온가열 산화 등 물리·화학적인 방법으로 처리하는 시스템이 있으나 이들은 에너지 소모가 많고 많은 비용이 지불되며 악취제거 후에도 2차 처리가 필요하다. 그러나 미생물에 의한 악취처리법은 경제적으로 비용이 적고,

환경친화적으로 2차 오염이 없는 것이 장점이다. 하수처리장에서 발생하는 악취는 주로 혐기적인 분해 과정에서 생성되는 황화수소와 암모니아 성분들이 다량 함유되어 있다. 특히 암모니아와 황화수소는 하수처리장에서 발생하는 악취의 대다수를 차지하며 동천의 경우에 스컴 발생 시에 악취의 주성분이 황화수소이다. 이들 수용성 악취 성분들을 생물학적 방법으로 처리하면 황화수소는 최종 산물로 유황원소와 황산이온이 생성되며 암모니아는 질산이나 아질산으로 산화되고 아질산은 환원되어 질소가스로 공기 중에 배출되는 원리이다.

바이오필티를 활용하여 악취를 제거하는 산업체들은 다양한 악취 가스를 범용적으로 제거할 수 있는 시스템을 선호한다. 대부분의 바이오필터 생산업체들은 미생물의 개발보다 담체 개발과 기계적인 시스템을 개량해 왔다. 각 미생물들의 특징을 바이오필터에 적용시키지 못하고 바이오필터의 운영 과정에서 미생물의 관리 소홀로 악취제거에 충분한 효과를 얻지 못하고 있는 실정이다. 바이오필터에 사용되는 미생물의 생육환경이나 악취제거를 위한 환경조절이 미흡하다.

일반적으로 생물학적 탈취는 ① 탈취효율이 우수한 미생물의 선별, ② 선별된 미생물이 잘 서식할 수 있는 환경을 제공하는 담체의 선택, ③ 미생물과 담체를 적절히 활용하여 미생물 생육과 탈취 작용을 최적화하는 탈취기술의 개발이 중요하다. 따라서 연구의 개요를 설명하면 ㉠ 먼저 황화수소 제거에 효율이 우수한 미생물을 선별해서 그 특성을 조사한다. ㉡ 실험실에서 제작된 실험용 바이오필터를 통해서 황화수소와 암모니아를 효율적으로 제거시킬 수 있는 조건을 찾는다. ㉢ 시제품 바이오필터를 제작하여 최적의 조건에서 황화수소를 제거하는 실험과 황화수소가 제거되는 최대량을 측정한다.

- 유황산화세균 분리를 위해 액체배양은 유황분말에 고체배양에는 $Na_2S_2O_3 \cdot 5H_2O$가 사용되었다. 분리 선별된 유황산화세균은 16S rRNA에 의해 동정된 결과 *A.thiooxidans*로 판명되었다. 선별된 세균의 호기적인 배양이 균의 생육을 더욱 증진시켰으며 중성보다 산성(pH 5.0 이하)에서 생육이 더욱 양호하였다. 7% 유황분말이 함유된 배지에서도 생육이 양호하여 유황에 대한 내성이

매우 컸다.

- 실험용 바이오필터를 제작해서 선별된 유황산화
세균을 적용시키고 악취를 실험용 바이오필터에
주입하여 황화수소의 제거 효과를 조사하였다.
바이오필터에 4종의 담체를 사용하여 선별된 유
황산화세균의 황화수소 제거를 조사하였다. 그
결과 사용된 담체 중에서 다공성의 Zeolite 세라
믹을 담체로 사용한 경우가 거의 90% 이상의 황
화수소를 제거할 수 있었다. 또한 선별된 유황산
화세균 단독의 바이오필터에서 암모니아와 황화
수소를 모두 제거하였으며 약 30일 동안 연속적
으로 이들 악취를 제거할 수 있었다.

- 시제품 바이오필터는 분리된 유황산화세균이 잘
생육할 수 있도록 담체를 산성으로 개량하고 산성
배양액을 순환시키는 바이오 트리크링 필터, 즉
산성 바이오필터 시스템으로 제작하여 이들 악취
성분의 제거율을 검토했다. 그 결과 70일간 연속
적으로 시제품을 가동시켰으며 황화수소의 제거
율이 최대 $90g/m^3/hr$(gas 유압속도; $639.4h^{-1}$)
를 나타내었다. 또한 단일 균을 사용하여 황화수
소와 암모니아를 포함하여 총 9종의 악취성분들

을 동시에 제거시켰다.

동천의 악취 성분인 황화수소의 발생 주요인은 오수 유입과 하상에 쌓인 퇴적물 때문이다. 주로 여름철이 다가올수록 황화수소의 농도가 진해져서 냄새도 강하며 집중적으로 발생하는 것으로 관찰되었다. 부산광역시 하천 수질 개선용 유용미생물 생산·공급시설 설치·운영 조례 및 부산광역시 유용미생물 생산·공급 및 투여지원에 관한 조례에 따라서 미생물을 이용하는 악취제거 방법으로 동천의 악취를 제거하였으면 좋겠다.

동천주변 지구단위계획 수립으로
부산 도심의 짜임새를 만들자

– 숨쉬는 동천 공동대표 한영숙
　((주)싸이트플래닝건축사사무소 대표이사)

　어떤 일이든지 시간이 지날수록 완성도를 높여
가기 위해서는 새로운 방식의 노력이 필요한 시점
이 온다. 동천의 경우에도 하천이 깨끗해지는 문제
에 집중해 왔다면 이제는 동천 유역도 하천변 문화
를 활성화시킬 수 있도록 건축물의 기능과 형태를
유도해 나갈 방법을 고민하고 준비할 때가 온 것
같다.

　동천 유역 주변의 범일로, 전포로, 그리고 중앙대
로 일대는 부산의 허리 역할을 하는 메인축이 결집
된 상업지역으로 북항 재개발 및 철도 부지 개발,
문현금융단지 등의 영향권에 있다. 원도심의 기능

회복과 지역경제 활성화 도모 및 단절된 도심 지역민의 편의를 위한 전략적 역할이 요구되는 지역이다. 사실 이러한 개발의 기대감이 민간개발사업이나 재개발, 재건축으로 이어져 사업추진이 진행되고 있다.

이러한 움직임이 있을 때, 동천 활성화 사업 및 접근성 개선과 연계하여 주변 건축물의 용도, 규모, 경관 등 도시관리계획 측면에서의 관리 방안을 마련하고, 향후 북항 재개발, 철도 부지 및 55보급창고 개발 등 여건 변화에 대비한 상업지역의 적정 관리 방안 및 그에 상응하는 기반 시설 및 생활 SOC 시설 등의 공급계획에 대한 검토를 진행해야 할 때라고 여겨진다. 단기적인 사업추진이 아니라 지속가능한 도시 개발과 짜임새를 만들기 위한 전략과 실천 방안이 필요한데, 지금이야말로 장기적으로 도시를 관리할 수 있는 적정선을 정하는 일, 동천 주변의 지구단위계획이 필요한 시점이다. 이러한 고민은 10년 전인 2014년 숨쉬는 동천의 회원들과 청계천 문화관에서 논의를 한 뒤로 지속적으로 이야기를 하고 있는 사안이다. 청계천 주변 지역은 2003년부터 지구단위계획을 수립하여 건축물의 기능과 용도를 제안하고, 인센티브를 운영하고 있다. 우리가 동천을 살리기 위해서는 적어도 동천 변의 건축물이 재건축 시 건축후퇴선(셋백)은 몇 미터로 하고 가로를 활성화 시키는 용도를 도입하고, 주변 건축물은 어떤 식으로 디자인되어야 하는지에 대한 가이드라인이라도 있어야 하지 않을까? 그런 기준이 없으면 각자도생 건축물이 만들어지게 되고, 시간이 지날수록 도시 수변공간의 장소 가치를 만들어갈 기회를 잃게 될 것이 분명하다.

그 밖에도 보행 친화 수변공간 조성(교량 전망쉼터, 수변광장, 동천 보행자 우선 도로 등)과 도심 보행환경 개선을 위한 민간 건축물 계획 유도(대지 내 차량 출입 체계 정비, 지하철 출입구 등 가로지장물 대지 내 수용, 저층부 가로활성화 용도 도입 및 형태 관리, 공공보행통로 설치 및 개방, 녹지공간 연계 확보) 등과 동천과 연계된 도심 내 자연성을 만들어 내는 도심 열린 정원 및 가로 숲 조성(공공공간, 열린 광장, 건물형 시장 옥상정원, 지하차도 덮개공원, 주요 거점 가로공원, 고가도로 및 육교 녹화 등)은 도심 활동성을 위해 꼭 필요하다고 본다.

범일로 일대와 동천 사이는 부산 주요 생활권을 관통하는 도시 상징가로의 위상 확립과 재활성화를 위한 신新성장거점으로서 육성하기 위해 지구단위계획구역을 지정하고 계획을 수립하는 사업이 필요하다. 도심 활동성이 보행 중심으로 개선될 때, 지가도 상승하고, 토지 이용 패턴과 기능도 전환된다. 부적합 용도의 입지를 사전에 차단하고 보행 친화적인 시설이 들어설 수 있도록 동천 주변 지역 전체에 대한 지구단위계획을 작성하고, 하천 주변을 아름답게 만들어가는 공간의 짜임새가 있는 개발사업과 정비사업을 추진할 수 있도록 다 같이 힘을 모으자.

남-북을 연결하는 3개 주요 축과 동서 연결축 특성 강화

가로축 중심의 주요 공간거점 연계를 통한 도심 네트워크 재구조화

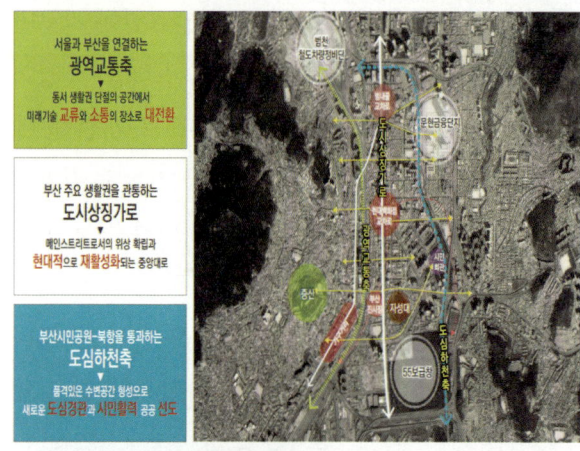

서울과 부산을 연결하는
광역교통축
▼
동서 생활권 단절의 공간에서
미래기술 **교류**와 **소통**의 장소로 **대전환**

부산 주요 생활권을 관통하는
도시상징가로
▼
메인스트리트로서의 위상 확립과
현대적으로 **재활성화**되는 중앙대로

부산시민공원–북항을 통과하는
도심하천축
▼
품격있는 수변공간 형성으로
새로운 **도심경관**과 **시민활력** 공공 선도

도심부 주거정비 전략계획 수립

정비사업 집중 또는 무질서한 정비사업 추진 방지 등 공공 가이드 선제시를 통한 공간환경 정비 유도

적정 개발입고 설정	충분한 보행활동공간 마련	연속된 가로보행축 형성	역사문화보전
정형화된 개발규모 설정	간선가로변 가로공원 조성	기존 도로 선형 고려 가변시설 설치	옛 철길 샌드위치 필지 보전
소단위 또는 보전형 개발지구 지정	내부도로 확보 및 휴게 쉼터 지정	대규모 계획지구 내부 보행통로 지정	유동인구 밀집 옛 철길 보행자 전용도로

동천과 한국전쟁 6·25

– 숨쉬는동천 자문위원 김용엽

　6·25 전쟁 때, 1·4후퇴 전인 12월 6일 흥남부두에서 철수하는 유엔군 수송선(Landing Ship Tank, LST, 전차상륙함)에 올라 4~5일 걸려서 거제도 사등면 오량지에 도착해 겨울을 지냈다. 그런 후 1951년도에 부산 범천동 매축지 노무자 숙소로 옮겨와서 겨우겨우 살아갔다.

　모두가 먹을 것, 입을 것들이 부족했으며 잠자는 것마저 어려워서 모두가 하루하루를 생활해 나가는 것이 큰 문제였다.

　어리고 순진한 아이는 키 큰 형들 따라다니며 기차 길가에 있는 차돌을 세게 부딪쳐 불씨를 구하기

도 하고, 신발 밑에 철사를 부쳐서 스케이트 타기를
흉내 내기도 하였다.

키 큰 형들은 동천 하류의 하구에서 재첩과 백합
조개들을 잡았다. 동천에는 꼬시래기(망둥어), 숭
어, 메가리(전갱이 새끼)와 고등어 등이 많았다. 동
천의 중류에는 버드나무, 송사리, 개구리, 매기, 미
꾸라지들이 넘쳐났다. 그리고 주변 논에는 우렁이,
민물게, 벼메뚜기, 실뱀들도 많았었다.

아이는 여기저기 찢어진 만화책을 보는 시간이
많았다. 대부분이 먹고사는 경제문제를 다룬 내용
이 대부분이었다.

아버지가 서울에 가는 날에 같이 철길을 따라 걸
었다. 하루 정도 걸으면 서울에 도착할 줄 알고 함께
걸었으나 한나절 걸었는데도 사상 쯤에 도착했다.

서울에 가기를 포기하고 되돌아 걸었다. 부전동
쯤에 와서는 졸리고 피곤하여 앉아서 눈을 감고 잠
시 잠깐 동안에 졸았다.

꿈속에서 시래기국밥과 풋고추를 된장에 찍어 먹었다. 그런 꿀맛이 없었다. 꿈속에서 허기를 달랜 아이는 무적의 의로운 영웅 홍길동이 되어 악당을 무찌르는 꿈도 꾸었다.

얼마간의 시간이 지난 후에 깨었다. 그런데 입속에 밥맛이 남아 있었다. 꿈인 줄 알았는데 누군가가 탈진해 있는 아이를 깨워서 음식을 먹였고 음식을 먹고 난 아이는 다시 그 자리에서 잠이 들면서 꿈을 꾼 것이었다.

세월이 지난 그 후로 동천 유역에는 유명한 공장들이 많이 늘어났고 넓은 도로들도 건설되었으며 하루가 다르게 새 건물들이 자꾸 세워졌다. 그러자 동천의 물은 검게 변했고 악취가 심해지기 시작했다. 동천에서는 그 많던 물고기들이 살지를 못해 사라지기 시작했다.

청년이 된 아이는 삶이 바빴다. 직장을 구하고 결혼을 하고 자식들을 키우다 보니 물고기들이 사라진 동천을 생각할 시간과 여유가 없었다.

청년의 삶을 바쁘게 지냈던 아이가 여유로운 생활을 보내는 노인이 되었다. 노인은 언젠가부터 동천에서 재첩, 백합조개 등을 잡았던 기억들이 가물가물하고 버드나무가 드리워진 동천변이 사라진 것에 대한 큰 상실감이 파도처럼 밀려왔다 사라지곤 했다.

그때는 동천변에 버드나무 꽃들이 흔한 것이었지만 지금은 없어지고 사라져 버렸다. 동천은 노인에게서 너무나도 달라져 버리고 변해버리게 된 것이다.

노인은 동천에 버드나무가 있고 물고기들이 뛰어다니고 갈매기들도 날아다니는 공원처럼 많은 사람들이 찾아오게 만들고 싶다.

여유로운 노인은 동천에 형형색색의 작은 배들이 유유히 떠다니는 동천을 만들기 위해 아낌없이 열과 성을 모두 바치기로 했다.

동천에서 여생의 시간을 느긋하고 풍만하게 보내는데 노력하는 상선약수上善若水의 삶을 시작하였다.

동천(성서교)의 자동측정망 수질값

– 숨쉬는 동천 회원 이웅호

☑ 2024년 6월달의 15시 동천(성서교) 하천수질 부산시환경보건
연구원 자동측정망 측정값

날짜	수온 (℃)	pH	DO (mg/L)	전기전도도 (μS/cm)	염분 (%)	탁도 (NTU)	TDS (mg/L)	클로로필a (mg/m3)	낮의 온도 (℃)
1	19.3	8.5	1.2	52387	34.6	6	33970	-99.9	26
2	19.3	8.5	1.4	52290	34.5	11	33884	-99.9	25
3	19.4	8.4	1.8	52180	34.4	14	33813	-99.9	23
4	19.4	8.4	2.5	52291	34.5	11	33884	-99.9	22
5	19.4	8.3	2.5	52388	34.6	11	33948	-99.9	23
6	19.2	8.2	1.4	52283	34.5	6	33880	-99.9	24
7	20.0	8.2	0.9	52243	34.5	20	33853	-99.9	24
8	19.3	8.3	0.8	52275	34.5	3	33874	-99.9	26
9	19.7	7.9	0.7	41797	26.9	68	27084	-99.9	22
10	20.5	8.1	0.6	46710	30.4	11	30	-99.9	23
11	20.4	8.3	0.6	51202	33.7	3	33179	-99.9	27
12	21.0	8.3	0.6	51867	34.2	6	33610	-99.9	28
13	20.9	8.2	0.5	50494	33.2	14	32720	-99.9	29
14	20.9	8.2	0.7	51641	34.0	25	33463	-99.9	30
15	20.9	8.3	1.4	51984	34.3	38	33686	-99.9	29
16	22.4	7.4	0.8	44376	28.7	167	28756	-99.9	30

날짜	수온 (℃)	pH	DO (mg/L)	전기전도도 (μS/cm)	염분 (%)	탁도 (NTU)	TDS (mg/L)	클로로필a (mg/m3)	낮의 온도 (℃)
17	21.0	7.6	0.9	49810	32.7	182	32277	−99.9	30
18	21.6	7.8	0.8	51155	33.6	198	33149	−99.9	26
19	21.5	8.1	0.8	51278	33.7	180	33228	−99.9	30
20	20.3	8.5	0.7	51808	34.1	16	33572	−99.9	31
21	20.3	8.6	0.8	1961	34.3	13	33670	−99.9	25
22	24.0	7.9	5.0	7724	4.3	103	5005	−99.9	27
23	21.7	7.7	0.8	29415	18.2	106	19061	−99.9	23
24	21.6	7.6	0.9	34593	21.8	67	22416	−99.9	27
25	19.2	7.2	1.1	41546	26.7	76	26922	−99.9	27
26	18.1	7.5	1.1	44697	29.0	97	29	−99.9	27
27	17.7	7.7	1.4	46650	30.4	70	30229	−99.9	27
28	17.5	8.2	1.6	51488	33.9	44	33364	−99.9	23
29	18.4	8.6	1.8	51977	34.3	28	33681	−99.9	28
30	18.4	8.6	1.8	51977	34.3	28	33681	−99.9	25

☑ 2024년 7월달의 15시 동천(성서교) 하천수질 부산시환경보건 연구원 자동측정망 측정값

날짜	수온 (℃)	pH	DO (mg/L)	전기전도도 (μS/cm)	염분 (%)	탁도 (NTU)	TDS (mg/L)	클로로필a (mg/m3)	낮의 온도 (℃)	수위 (m)
1	20.7	7.0	0.9	36675	23.2	7	24	−99.9	25	2.29
2	23.1	6.8	1.2	9573	5.4	506	6	−99.9	29	2.12
3	20.9	6.6	1.3	28958	18.0	492	18765	−99.9	25	2.28
4	20.3	6.6	1.7	41928	27.0	167	27169	−99.9	28	1.82
5	22.3	6.9	2.1	32774	20.6	69	21	−99.9	30	1.63
6	21.0	7.1	2.1	40664	26.1	34	26350	−99.9	29	1.88
7	21.4	7.2	2.4	41275	26.5	17	27	−99.9	27	1.60
8	20.6	7.3	2.5	42939	27.7	6	27824	−99.9	28	1.65
9	20.7	7.5	2.1	44235	28.6	4	29	−99.9	27	1.68
10	23.6	6.8	2.0	11657	6.7	1	7553	−99.9	26	1.90
11	21.0	6.8	2.2	25984	15.9	6	16838	−99.9	26	1.78
12	19.9	6.7	2.5	32230	20.2	1	20885	−99.9	25	1.99
13	20.6	6.9	2.6	33961	21.4	0	22007	−99.9	29	2.09
14	22.6	7.0	2.4	10896	6.2	2	7	−99.9	27	2.28
15	20.4	7.0	2.1	16995	10.0	4	11	−99.9	24	2.25
16	23.0	7.2	2.2	9784	5.5	0	6340	−99.9	26	2.15
17	21.9	7.1	3.3	14815	8.6	3	9600	−99.9	25	1.83
18	20.9	7.2	3.6	17565	10.4	0	11382	−99.9	28	2.22
19	21.4	7.3	3.6	18195	10.8	0	11790	−99.9	27	2.17
20	20.5	7.4	3.7	20744	12.4	−1	13442	−99.9	27	1.99
21	21.0	7.4	4.3	23264	14.1	−1	15	−99.9	29	1.58
22	21.0	7.4	4.2	24866	15.2	−1	16	−99.9	31	1.49
23	21.3	7.6	26.9	41753	26.8	0	27056	−99.9	25	2.59
24	25.8	7.1	5.9	1425	0.7	2	924	−99.9	31	1.88
25	23.5	7.3	1.9	15840	9.3	2	10264	−99.9	27	1.58
26	21.9	7.3	2.4	25782	15.8	5	16707	−99.9	32	1.81
27	22.2	7.3	3.3	24719	15.1	3	16018	−99.9	32	1.65
28	21.9	7.2	4.2	29059	18.0	1	19	−99.9	31	2.13
29	23.3	7.3	4.1	33630	21.1	1	21792	−99.9	32	2.13
30	22.6	7.4	4.4	35517	22.4	1	23015	−99.9	33	2.29
31	22.5	7.5	5.2	35809	22.6	1	23204	−99.9	35	2.32

☑ 2024년 8월달의 15시 동천(성서교) 하천수질 부산시환경보건 연구원 자동측정망 측정값

날짜	수온 (℃)	pH	DO (mg/L)	전기전도도 (µS/cm)	염분 (%)	탁도 (NTU)	TDS (mg/L)	클로로필a (mg/m3)	낮의 온도 (℃)	수위 (m)
1	22.9	7.5	1.0	43181	27.8	1	27981	-99.9	33	2.19
2	23.2	7.5	1.4	43181	27.8	1	27981	=	33	2.06
3	22.0	7.4	1.7	44957	29.1	2	29132	=	33	2.24
4	21.8	7.5	2.3	45331	29.4	2	29375	=	34	1.65
5	23.6	7.6	4.3	42757	27.5	2	27707	=	33	1.55
6	25.8	7.6	1.1	45950	29.8	1	29775	=	33	1.99
7	265	7.6	0.9	45690	29.6	1	29613	=	33	1.61
8	26.7	7.6	1.0	45144	29.2	1	29253	=	33	1.77
9	26.4	7.6	0.8	45201	29.2	2	29290	=	34	1.86
10	26.4	7.8	1.7	47194	30.7	2	30582	=	32	2.14
11	26.4	7.8	2.2	47944	31.2	2	31069	=	33	1.90
12	26.4	7.7	2.1	47932	31.2	3	31	=	32	2.22
13	26.8	7.8	2.0	46963	30.5	4	30432	=	32	2.22
14	27.9	7.9	1.5	46917	30.4	6	30402	=	32	2.24
15	28.9	8.0	1.2	46410	30.0	9	30074	=	33	2.30
16	29.3	8.0	1.4	45588	29.4	15	30	–	33	2.22
17	29.8	8.0	1.2	44891	28.9	23	29	=	33	2.12
18	29.9	8.1	1.6	44909	28.9	23	29101	=	32	1.79
19	29.7	8.1	2.7	44989	29.0	3	29153	=	32	1.79
20	28.4	7.2	5.4	10730	6.0	71	7	=	33	1.61
21	27.1	7.4	2.8	15919	9.3	23	10316	=	30	1.44
22	–	–	–	–	–	–	–	=	31	–
23	26.9	7.6	0.5	27006	16.5	23	17500	=	31	1.64
24	25.1	7.8	0.5	30017	18.6	24	19451	=	33	1.84
25	24.6	7.6	0.8	31107	19.3	20	20157	=	33	2.03
26	24.9	7.6	1.5	31465	19.6	24	20390	=	32	2.24
27	25.0	7.5	1.7	31727	19.8	22	20566	=	32	2.26
28	24.3	7.7	0.7	31857	19.8	24	20643	=	30	2.03
29	26.3	8.3	3.1	38350	24.3	6	24851	=	28	2.26
30	27.0	8.2	2.1	37786	23.9	3	24485	=	31	2.16
31	27.5	8.2	2.2	38879	24.7	4	25194	=	33	2.01

동천의 날

- 숨쉬는 동천 생태문화관광해설사 박우만

부산의 최대 최고의 도심지이자 부산의 심장인 서면을 관통하고 있는 동천은 유역의 지천(부전천, 전포천, 가야천, 호계천)들과 함께 서면의 주요 핏줄이다. 또 동천은 부산의 수많은 지방하천과 소하천들에 있어서 중심이 되는 물길이다.

동천과 유역의 지천들은 부산의 원도심 지역들을 스쳐 지나고 있다. 백양산에서 발원한 동천은 황령산과 엄광산 아래의 남구, 동구, 부산진구를 거치면서 북항 바다로 빠져나간다.

강, 산, 바다로 이어진 부산을 삼포지향이라 한다. 따라서 동천 유역은 삼포지향 부산을 대표하는 곳이다.

동천은 해가 뜨는 부산의 동쪽 기장에서 시작해

해가 지는 부산의 서쪽 다대포 끝까지 이어보면 그 중심에 있는 부산 정중앙 표지석이 있는 지역에 있다.

동천은 부산의 하천들이 동해 바다로 빠져나오는 하천들과 남해 바다로 빠져나오는 하천들 가운데 그 중간지역인 바다로 빠져나오는 하천이다. 북항 바다로 흘러가는 하천이다.

동천은 신라시대의 동평성과 조선시대의 부산진성의 동쪽으로 흘러서 부산포까지 이어졌던 하천이다.

동천은 부자 부의 부산과 가마 부의 부산 사이에서 끊임없이 흐르고 흘러서 이순신 장군의 부산포 해전 전승지인 동천의 하구에 지금까지도 계속해서 흐르고 있는 하천이다.

동천은 대륙문화를 전해주고 해양 문화를 전해주던 거점지역이 있던 하천이다.

동천은 우리나라 수출 경제와 수입 경제를 도맡았던 많은 부두들이 있던 하천이다.

그래서 땅과 바다, 하늘이 이어져 생명력이 있는 동천에게 숨쉬는 동천에서는 매년 11월 1일을 동천의 날로 정해서 기념해 주고 있다.

동천가

작사 : 박건우
숨쉬는동천
작곡 : 박건우

숨쉬는 동천의 조방앞 생태문화관광 해설

– 숨쉬는 동천 생태문화관광해설사 이용희 (숨쉬는 동천 대표)

　숨쉬는 동천의 해설사들은 부산진구, 동구, 남구를 중심으로 해서 25개의 생태문화관광生態文化觀光 코스를 답사 개발하여 각 거점들에 대해 해설을 하고 있다. 동천과 지천(부전천, 전포천, 가야천, 호계천)들은 황령산, 백양산, 엄광산 그리고 북항 바다로 둘러싸여 있다. 황령산은 거칠산국居漆山國과 구상반려암球狀斑糲岩, 백양산은 동평성東平城과 배롱나무, 엄광산은 오해야항목장吾海也項牧場과 편백나무 숲길 등으로 각각의 산은 이것 말고도 큼지막한 내용들을 많이 담고 있다. 특히 6천 년만 전 지하 깊은 곳에서 만들어진 암석으로 표면을 보면 가운데의 핵을 중심으로 동심원을 그리면서 구상조직의 배열을 보여주는 황령산 구상반려암은 세계적으로 희귀

해서 천연기념물 제 267호로 지정되어 있다. 그리고 백일 동안 꽃을 피우는 쌍떡잎 식물의 부처꽃과의 낙엽소교목으로 7~9월에 붉은색으로 피며 10월에 열매를 익는 배롱나무는 국화과의 백일홍과 구분하기 위해 목백일홍이라고 하는데 부귀를 상징하기에 고궁, 사찰, 유적지, 유명관광지 등에 많이 심어져 있는데 백양산 화지공원에 있는 두 그루는 천연기념물 제 168호이다.

동천과 맞닿는 북항 바다는 부산포釜山浦와 이순신 장군李舜臣將軍의 역사가 있다. 동천의 상류에서는 화랑花郎들을 중류에서는 기업가企業家들을 그리고 하류에서는 조선통신사朝鮮通信使를 만나 볼 수가 있나. 바닷물로 가득 찬 동천에서는 갈매기와 숭어들을 자주 볼 수 있다. 동천 하류 약 2.7km × 약 50m 장방형의 개복구간을 중심으로 ㅁ자 모양으로 둘러싸고 있는 4개의 초등학교에서 교목校木과 교화校花, 그리고 교가校歌 속에 있는 산이나 강의 지명들을 살펴보면 성동城東 초등학교(태산목, 장미, 태백산, 황령산), 성서城西 초등학교(향나무, 장미, 태백), 성남城南 초등학교(은행나무, 개나리, 자성대). 성북城北 초등학교(히말라아시다, 장미, 황령산)의 내용들이 참 재미나게 연결되어 있다. 그리고 이 초등학교들 주변으로 부산진시장, 남문시장, 자유시장, 평화시장, 중앙시장이 있다. 이들 재래시장在來市場은 일제강점기인 1917년 11월 10일 호랭이어슬렁길이 있는 범일동凡一洞에 실을 짓는 일인 방紡과 베를 짜는 일인 직織을 하는 조선방직주식회사朝鮮紡織株式會社 설립과도 연관이 있다. 방적紡績은 목화솜에서 실을 추출하는 것이며 방직紡織은 원료에서 실을 뽑아 천을 만드는 것으로 조선방직은 면사綿絲(무명실)와 면포綿布(무명실로 짠 무명베)의 방직과 판매를 했던 회사였다. 여우, 돼지, 산고양이, 양 등의 가죽을 사용하여 제조된 직물인 모직毛織에 비해서 조선인의 옷감이자 이불, 요, 베갯잇 등에 사용한 무명(목화에서 실을 뽑아 짜는 천을 면이라 하고 그 면을 무명과 광목으로 나누는데 무명은 옛날식 베틀로 천을 짠 것이고 광목은 편직기인 기계로 짠 천을 말한다.)은 고려시대 유학자인 문익점 선생文益漸先生이 원나라로부터 가져와서 무명실을 만들었다. 면은 산업혁명 이후로 인도에서 많이 생산되어 세계로 전파되면서 중앙아시아를 통해 우리나라에 다량 들어오게 되었다. 목화는 기원전 50만~100만

년 전부터 있었던 한해살이 풀로 쌍떡잎 식물이다. 학명은 Gossypium indicum으로 50여 종이 있다. 고시피움(Gossypium)은 부드러운 물질을 가리키는 뜻이며 꽃말이 어머니의 사랑이다. 열매 맛이 달콤해서 목화다래, 실다래, 면화다래로도 불리며 덜 익은 면이라는 뜻에서 청면靑綿이라고도 불린다. 조선방직주식회사의 정문 앞인 조방앞은 조선방직 노동자들이 노동력 수탈과 민족 차별에 대해서 항거抗拒한 장소이기도 했고 큰 수양버드나무가 있어서 당시에는 약속장소로도 유명하였다. 범일동 선착장船着場과 시외市外버스터미널이 있던 조방앞 주변에는 많은 극장劇場들과 음식점으로 낙지볶음, 돼지국밥 등의 가게는 물론이고 혼수용품婚需用品 가게와 결혼예식장結婚禮式場들도 많았다. 현재는 조방앞이 박재혁 의사朴載赫義士 거리와 귀금속상가들로 이루어진 골드테마거리가 유명하다.

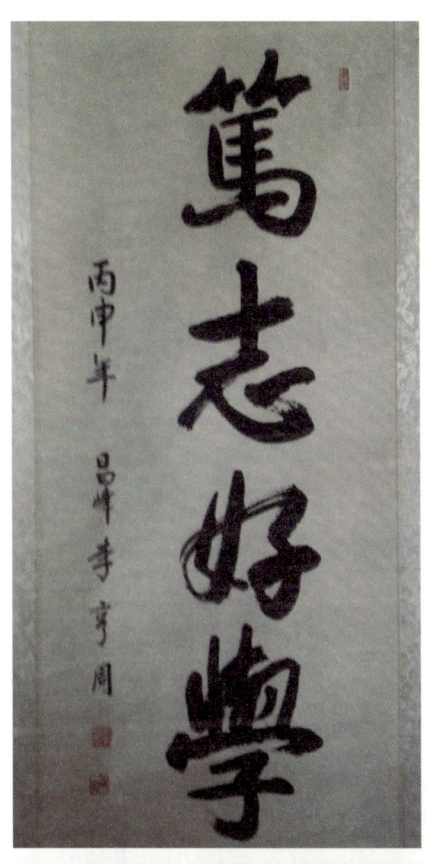

篤志好學

丙申年

昌峰李亨周

1월 **11**일은 숨쉬는 하천(河川)의 날

11월 **1**일은 숨쉬는 동천(東川)의 날

- 숨쉬는 동천 . **BNK**부산은행 -

숨쉬는 동 천	배종일, 강동진, 이서은, 한영숙, 정도건, 이순규, 김용업, 조보정, 김용식, 김광현, 권영주, 고성훈, 박기철, 정순태, 최용성, 김동필, 안장혁, 김덕숙, 주윤순, 고재임, 이정화, 박춘열, 박하, 이미영, 정수선, 박우만, 이마룬, 이해란, 이아란, 이용희(남), 하호숭, 윤혜숙, 안익태, 황미경, 신효숙, 정정희, 이상훈, 강미정, 이웅호, 서정섭, 박현이, 김진수, 이승재, 고세명, 김도연, 유경원, 이용희(여), 강규섭, 예관희, 고영준, 노은화, 고영진, 배윤조, 윤영옥, 서옥성, 이유상, 박한배, 김해창, 조덕희, 김선화, 김영옥, 김탁영, 김성수, 강규섭, 추태호, 진오덕, 장만태, 박용기, 이형주, 최영희

동천이 살아야 부산이 산다.

펴 낸 날 2024년 12월 25일
펴 낸 이 이용희
편   집 박정현
출판등록 제3-329호
출 판 사 효민디앤피 (051-807-5100)

ISBN 979-11-94025-06-1 (03810)
가격 10,000원